Shinji Fujiya
PETER F DRUCKER'S
INNOVATION

48の成功事例で読み解く

ドラッカーのイノベーション

トップ1％のリーダーに愛され続ける不朽の戦略思考

藤屋伸二

すばる舎

はじめに

なぜ、今、イノベーションなのか？

イノベーションという言葉をよく聞くようになりました。

それは、多くの人にとって、「技術革新」を意味しています。

しかし、現在の私たちに求められているのは、「技術革新」ではありません。

1人ひとりが、今、その職場、その状況での着眼点と認識を変えることで実現できるイノベーションです。

そうなのです。イノベーションとは、特定部門の特定のだれかが起こすものではありません。日常の生活や仕事の中で「不便」「システムの中での何らかの欠落」「まちがい」「アンバランス」「変化」に気づいた人が、①不便を便利に、②不満を満足に、③不足を充足に、④高いを安いに、⑤遅いを速いに、⑥低品質を高品質に、⑦低い付加価値を高い付加価値に転換するために起こすものなのです。

このようなイノベーションのほうが、技術革新で行なうイノベーションよりも、対象とする範囲が広く、リスクが低いうえに成功の確率も高く、しかも短期間（短時間）かつ低コストで実現できます。ドラッカーは、「なぜ、そんなことに気づかなかったのだろう、と言われるのが最高のイノベーションの評価である」と言っています。

たとえば、小林製薬の商品群（のどぬ～る、熱さまシートなど）を思い出してください。どの商品も、ものすごい発明というわけではありません。使っている素材や技術は既存のものばかりです。しかし、「あったらいいな」と思わせる商品で、利益に貢献するイノベーションになっています。

また、アップルが2001年10月に発売したiPodは、わずか185グラムの超軽量の小型MP3プレーヤーに1000曲入るものでした。しかし、基本となる技術は発明や技術革新のたぐいではなく、既存の技術をひと工夫して応用したものでした。それでも、商品のコンセプトは画期的なもので、既存の商品を陳腐化させてしまうほどのインパクトのある商品となりました。まさにイノベーションと呼ぶにふさわしい商品となったのです。

では、そもそも、なぜイノベーションが必要と叫ばれる時代になったのでしょうか？

それは、ビジネスの前提（すなわち経営環境）が変わってしまったからです。

単純に言えば、市場が変わったのです。少子化で買う人が減っています。または顧客が欲しいと思っていた商品やサービスがすでに溢れています。さらには、同じような商品が、もっと安い値段で手に入るようになりました。

しかし、市場（経営環境）が変化するときがイノベーションのチャンスです。さまざまなしがらみを断ち切り、過去の慣習をリセットする絶好のチャンスなのです。

20世紀の三大経営者と呼ばれているGEの元CEOジャック・ウェルチは、「変わらなければ、死あるのみ」と社内で言い続けていました。企業は常に変わり続ける必要があります。そして変わり続ける方法がイノベーションなのです。

ドラッカーのイノベーションとは

「理屈はわかるけど、自社で、あるいは自分でイノベーションを起こせと言われてもねぇ」という声が聞こえてきそうです。

でも、ドラッカーの教える考え方と取り組み方に従えば、思っている以上に単純にイノベーションを起こせます。なにしろ、イノベーションを起こすためには、①分析からはじめること、②単純なものにすること、③小規模にはじめること、とドラッカーは言っているくらいですから、そんなに難しいことではありません。

反対に、①利口であろうとしてはいけない、②多角化してはいけない、③現在のイノベーションしかねらってはいけない、とも言っています。

そして、『既存の何か』と『既存の何か』を使って、『新しい何か』を創り出すのが最も優れたイノベーションだ」と続け、「イノベーションに対する最大のほめ言葉は、なぜ気づかなかったのだろう」と言うのです。

こう考えると、イノベーションに必要なものは、「問題を解決したい」「もっと○○したい」「もっと○○を楽にしてあげたい」などの身近なことに対する問題意識です。そして、問題解決の手段を発明する能力ではなく、その解決手段のヒントが、すでにどこかにあるはずだから探してみよう」という〝好奇心や探究心〟です。さらに、それらのものをくっつけて1つのものにする創意・工夫力です。

これら「問題意識を持つ」「好奇心・探究心を持つ」「工夫する」ことは、練習で身につけることができます。

つまり、「ドラッカーのイノベーション」は、天才の発想力ではなく勤勉さのほうが重要であり、経験と勘ではなく問題意識さえあればだれでも起こせるものなのです。

たとえば、腕時計は、懐中時計とズボンのベルトという「既存の商品」と「既存の商品」をくっつけたものです。これは、懐中時計をもっと便利に使いたいという「もっと○○したい」という発想（問題意識）から「あっ、そうか！　ベルトをつければいいんだ！」と気づいたものです。もっとも、商品化するには、腰にするベルトを腕にするための工夫は必要でしたし、時計とベルトをくっつける技術も必要でした。

また、原動機付き自転車も、自転車と原動機（モーター）という既存の商品と既存の商品を結びつけてできあがったものです。これも商品としては画期的であり、イノベーションと言えるものです。

さらに、電動（アシスト）自転車は、ペダルをこがないと走行しないため、運転免許なしで乗れるという点では、画期的な商品です。原動機付き自転車はこがなくても乗れますが、電動自転車は、こがなければ走行しないので運転免許は不要です。しかし、こぐと電動機が走行をアシストするので坂道も楽に登ることができるようになりました。これもイノベーションに属する商品です。

そして、そこには技術革新の必要性はありませんでした。必要だったのは、「問題意識」と「気づき」と「ひと工夫」でした。これらの事例が「ドラッカーのイノベーション」の本質を物語っています。

トップ1%のリーダーに愛され続ける不朽の戦略思考

「それはわかったけど、なぜ今さらドラッカーなの?」

皆さんは、そう思っているかもしれません。

たしかに一時期のドラッカーブームもひと段落していますし、わざわざ今ドラッカーの本を出版するのは、ある意味バカげているかもしれません。

しかし、ドラッカーの本を180回以上読み込み、それを元に200社以上の業績V字回復や伸長を支援してきた私があえて断言したいのが、今のような先行きの見えない混迷の時代には、ドラッカーこそ最強の武器になるということです。

どんなに統計学を駆使してデータを分析しても、世界の最新事例を元に学問を追究しても、それだけでは「経済的価値（＝利益）」は生み出せません。そこで必要になってくるのが、イノベーションです。とくに、ドラッカーのイノベーションは「経済的価値を生み出す」ことにとことんこだわった理論です。しかも非常にシンプルで美しい。

だからこそ、ユニクロの柳井正社長をはじめ、トップ1％のリーダーに愛され続けているのです。実際にドラッカーの教えを学んでいるかどうか定かではありませんが、アップルやスターバックスをはじめとするイノベーション企業も、ビジネスの本質をひもといていけば、ドラッカーの理論にもとづくものになっています。

経営理論は新しいモノが雨後のたけのこのように次から次へと出てきますが、ドラッカーの理論こそ、時代を超えても廃れない不朽の戦略思考なのです。

本書を読めば、今日からあなたもイノベーター

私は、「イノベーションは難しいですか？」と聞かれれば、「ハイ、やる気のある人にも、それなりの努力が必要です。でも、やる気のない人やイノベーションを技術革新と考えている人には、至難の業です」と答えます。そして、「しかし、ドラッカーの教えに従ってイノベーションを起こそうとする人には、それほど難しいものではありません」と添えます。

ドラッカーの言うイノベーションのチャンス（着眼点）は7つあります。その中で、最も難し

いものが「新しい技術やノウハウ」です。これに取り組めば、時間がかかるわりに成功の確率はとても低くなります。

反対に、最も取り組みやすいのが「想定外のチャンス」を生かしたイノベーションです。「想定外のチャンス」とは、たとえば、これまで「売れるはずがない」と思っていた商品が売れたり、「絶対に売れる！」と自信を持っていた商品が売れなかったりするときです。つまり、市場（顧客ニーズ）の変化が具体的な形になってあらわれているので、「想定外のチャンス」を生かしたイノベーションは最もリスクの低いものになるのです。

イノベーションを起こすのは、「簡単」ではありませんが「単純」です。だから、私たちが自転車に乗れるようになったのと同じように、コツさえつかめば大丈夫です。

新しいことを習得しようと思えば、そのことを最も合理的にやる方法があります。それが基本プレーです。また、基本プレーには、それを実践するための基礎知識が必要になります。たとえば、ある楽曲をピアノで上手に弾こうと思えば楽譜どおりに弾くのが一番です。しかし、楽譜どおりに弾こうとすれば、音符など記号の意味を理解しなければなりません。この場合、楽譜どおりに弾くのが基本プレー、楽譜が基礎知識にあたります。

イノベーションの場合は、マーケティングにもとづいて行なうのが基本プレー。そのために、マーケティングとイノベーションを理解するのが基礎知識というわけです。ただし、本書では、マーケティングもイノベーションもドラッカーの理論を意訳して超単純化（わかりやすく）して説明していきます。

さて、本書は、PART1がイノベーションの概要、PART2がイノベーションの仕組み、PART3がイノベーションの事例という構成になっています。PART1でイノベーションとは何かを知り、PART2でイノベーションの方法論を知り、どこで、どういうふうにイノベーションを起こせばよいのかがわかるようになります。そしてPART3では、「なるほど、こんなふうに考えて実行すればよいのか！」と思える身近なイノベーションの成功事例を、てんこ盛りに紹介しています。

本書は、ドラッカーの教えを活用しやすいように意訳し、事例で補完したイノベーションの入門書であり実用書です。ですから、ドラッカーのイノベーションに興味をもたれた読者は、ドラッカーの『イノベーションと企業家精神』（上田惇生訳、ダイヤモンド社）をはじめとする参考文献にあげた本を読んでみてください。きっと、イノベーションを身近に感じ、「これなら自分にもできる！」と考えるようになることでしょう。

なお、本書で「ドラッカーが言った」と表現しているのは、「ドラッカーがそのような意味のことを言った」あるいは「著書に書いていた」ことです。

さて、これから本書で、ドラッカーの魅力を再発見し、「経済的価値（＝利益）」を生み出すための旅に出かけましょう。

2013年3月吉日　藤屋伸二

48の成功事例で読み解く ドラッカーのイノベーション もくじ

PART 1

イノベーションとは何か?

PART 2

イノベーションを起こす方法

PART 3

事例でわかるイノベーションを起こす着眼点

PART
1

イノベーションとは何か？

A DEFINITION OF INNOVATION

第1章

イノベーションとマーケティングはセットである

イノベーションというと、皆さんどういうものを想像しますか？　多くの人は新しい発明だったり、革新的なアイデアを想像するのではないでしょうか？

しかし、イノベーションは特別なことではありません。ドラッカーのイノベーションのルールにそって実行していけば、だれにでもできる単純なことなのです。

では、どうすればイノベーションを起こすことができるのでしょうか？

それをお伝えする前に、まずは本章で「イノベーションとは何か？」という本質に迫っていきましょう。

1 イノベーションが単独で存在しているわけではない

多くの人が誤解しているのが、「イノベーションが単独で存在している」ということです。しかし、イノベーションは単独で存在しているわけではありません。

イノベーションは、マーケティングとセットで存在しています。

マーケティングなしに、イノベーションを起こすことは極めて困難です。イノベーションは、マーケティングにもとづいて取り組むことではじめて利益に結びつくのです。なぜなら、企業は顧客（マーケット）が満足することで、利益の伴った売上げをつくることができるからです。

ですから、イノベーションは市場志向・顧客志向（マーケット志向）でなければ役に立ちません。もし、イノベーションを市場や顧客を無視して（マーケティングをしないで）、自己満足の手段として行なえば、たんなるコストの浪費になってしまいます。

どのようなときにもイノベーションはマーケティングとセットと考えてください。イノベーションだけが単独で存在することは100％ありえません。つくりたいモノをつくり、やりたいことをやるのは、仕事ではなく趣味の世界です。

（1）顧客への貢献が事業である

ドラッカーの特長は、ものごとの本質を一言で表すことです。「事業」の場合もシンプルで、「事業の目的は顧客の創造」となります。

ただし、その定義には「自社の望む価格で買ってくれる顧客」という条件がついてきます。この顧客を創造することが事業ですから、顧客は企業にとって、とってもありがたい存在なのですが、少々厄介な存在でもあります。というのも、「この商品はいいから買いなさい」と言っても、素直に「ハイ、買います！」とは言ってくれないからです。

顧客が商品を買うのは、顧客自身にメリットがあるときだけです。ですから、商品やサービスにメリットがあったり、買う行動自体にメリットを持たせたりする必要があります。

「買う行動自体にメリット」というのは、ストレス発散の手段が買い物ということがあるからです。あるいは、気に入った販売員さんの気を引こうとする行為かもしれません。これに似たものが、ＡＫＢ48の総選挙の投票券を得るために、投票券付きのＣＤを数万円、数十万円を出して買うファンでしょう。

このように、商品やサービスの販売には、「顧客への貢献」が欠かせないのです。

ここでおもしろいのが「顧客への貢献」の内容です。前述したＡＫＢ48の総選挙の投票券も、ファン以外には理解しがたい内容なのですが、このような事例は他にもたくさんあります。

たとえば、有名なシューズデザイナーであるマノロ・ブラニクは、履きやすさを考慮して靴をデザインしています。その彼は、「どんなに履きたくても、履き心地の悪い靴を履くのは馬鹿げている。しょせん、靴なのだから」と言います。

これに対して、他の有名なシューズデザイナーであるクリスチャン・ルブタンは「人々は、私が〝痛い靴〟をつくる代表格のように言うが、私も望んで痛い靴をつくっているわけではない。しかし、履き心地の良い靴をつくるのが私の仕事でもない。美しさやセクシーさ、そしてデザインを優先した結果として履き心地が悪くなっているだけだ」と反論しています。

おもしろいことに、両者のつくる「ウン万円」から「十数万円」もする靴は、世界のセレブの間で大人気なのです。つまり、「十人十色」ということです。ということは、だれのニーズに貢献するかが重要になってきます。演歌が好きな人にAKB48は貢献できないでしょうし、健康シューズが欲しい人に、マノロ・ブラニクもクリスチャン・ルブタンも貢献できないでしょう。

(2)「顧客の『~で困った!』や『もっと〇〇したい!』を知ること」がマーケティングである

事業の目的は、「顧客の創造」です。

顧客を創造するためには、「顧客への貢献」が欠かせません。

そうである以上、「だれの(どの顧客の)」「どのような」ニーズに貢献するかが問題になってきます。その「顧客のニーズ」を知ることが「マーケティング」です。

マーケティングとは、一言で言うと「顧客を知ること」です。

もっと具体的に言うと、「顧客のニーズを知ること」です。

さらに言うと、「顧客の『～で困った！』『もっと〇〇したい！』を知ること」です。

「顧客への貢献」とは、ニーズに応えることであり、企業にとってニーズに応えるとは、「おカネを支払っても欲しいと思われる商品やサービスを提供すること」に尽きます。

また、「ああしたい！」「こうしたい！」「こうしなければ！」という気持ちへの動きがなければ、何かを買おうとする購入動機にはなりません。その購入動機がないときに、宣伝・広告で買いたい気持ちを起こさせる行為もマーケティングなのです。

（3）「顧客を取り巻く環境や競争相手、社会の動きを知ること」もマーケティングである

「競争相手の動きを知ること」もマーケティングの大切な役割です。というのも、どんなに自社の商品が優れていても、競合商品のほうが優れていれば売れません。もっとも、劣っている分、価格を安くすることができれば、新たな選択として顧客の支持を得ることはできます。

競争相手の動きを知るもう1つのメリットは、創造的模倣《もほう》（114ページ）の対象になるからです。技術志向の強い企業（たとえば、かつてのソニー）があれば、その企業に焦点を絞って、新商品をひと工夫してマネすれば、自社の商品開発で困ることはありません。

また、企業は、顧客のニーズを知ることが重要ですので、「今後、顧客がどういう商品やサービスを欲しがるようになるだろうか？」を知ることもたいへん重要になってきます。それは、現在の商品やサービスが永遠に売れ続けるわけではないからです。

それを知るための手がかり足がかりが、「顧客を取り巻く環境や競争相手、社会の動きを知ること」です。たとえば、消費税率が上がると、税率が上がる前に駆け込み需要が発生します。また、たばこ1箱の値段が400円から1000円に値上がりすると、たばこをやめる人も出てくることでしょう。

あるいは、現実に中国からの低価格商品で苦労している企業も多くなっています。その中国では人件費が高騰していますので、いつまで低価格の路線が続くかわかりません。もしかしたら、商品にもよりますが、日本がたどった「安かろう・悪かろう」→「安くても高品質」→「高くて高品質」の道をたどるかもしれません。

このような、自社の経営に影響を与える動きを知ることもマーケティングの一部なのです。

ただし、大企業のマーケティング部や商品開発部などと違い、同じ大企業でも比較的小さな事業部や支店、中小企業では、ヒト・モノ・カネ・時間の都合で、大がかりなマーケティング調査はできません。でもその反面、すべての社員が顧客や市場に近いところにいるというメリットがあります。外に出て、売り場や現場をよく観察し、顧客や担当者といろいろ話をしたり質問をしたり、新聞やテレビのニュースや経済番組を見たり、インターネットで関連するものをチェックすることで、ビジネスに必要な情報はだいたい知ることができます。

「マーケティングだ！」と大上段に振りかぶるのではなく、身のまわりをしっかり見ることのほうがビジネスには大切なことも多いのです。なにしろ、あなた自身が市場の一部（一人）であったり、家族や職場が市場の一部であったりするからです。

そうした意味では、自分の身のまわりの不便や不満をガマンするのではなく、「これ、何とかならないかなぁ」と考えることのほうが、もっと実践的なマーケティング活動なのです。『のどぬ〜る』や『熱さまシート』などで有名な小林製薬が、「あったらいいな」を社員に仕事として提案させるのも有力なマーケティング活動の1つの方法なのです。

(4)マーケティングで知りえたことの商品化がイノベーションである

マーケティングが、顧客や社会の「〜で困った！」や「もっと○○したい！」を知ることならば、イノベーションは、マーケティングで知った情報を元に商品化・サービス化することです。というのも「イノベーションとは技術用語ではなく経済用語」だからです。

つまり、「イノベーションとは新しい価値を生み出すことであって、発明とイコールではない」とドラッカーは言っているのです。

企業において「新しい価値」とは何でしょうか？

一言で言えば、「利益を生み出すこと」です。

「利益を生み出すこと」として、直接的なことには、「付加価値の高い商品の開発」があります。

間接的なことには、「利益に結びつくブランドの構築」や「新しい流通チャネルの開発」、「新しい市場の開拓」もあるでしょう。さらには、「新しい用途の開発」の場合もあります。「新しい用途」とは、たとえば「冷蔵庫を、アラスカやシベリアなどで、食べ物を凍らせないための保温庫として販売する」ようなものです。商品としては同じでも、まったく新しい商品を開発したのと同じような価値(利益への貢献)があります。

また、イノベーションは、商品という〝モノ〟だけが対象ではありません。〝サービス〟の開発もイノベーションになります。たとえば、小売業では高齢者世帯に宅配することが高齢化社会への対応だと考えているようです。しかし、高齢者、とくに単身の高齢者にとって宅配が最適なサービスなのでしょうか?

それは部分最適にすぎないかもしれません。たとえば、高齢者の「〜で困った!」や「もっと○○したい!」を考えてみましょう。買い物だけを考えると、たしかに宅配は便利で優れたサービスです。でも、生活全体を考えるとどうなのでしょう? 宅配してもらえるようになると、ますます外に出なくなるのではないでしょうか?

今、「高齢者の引きこもり」が社会問題になっています。1人で家に引きこもり、だれとも交流しない状況は、社会的な動物である人間にとって、本来の姿とは言えません。九州のある都市で坪当たり売上トップを誇るスーパーマーケットは、そこに目をつけました。同社は、高齢者の「困った!」や「もっと○○したい!」を「話し相手がいなくて困った!」「もっと人と話がしたい！」ととらえたのです。

そこで宅配するのではなく、高齢者をバスで迎えに行き、店舗敷地内に交流スペースをつくりました。そうすると、引きこもりがちだった高齢者の皆さんが一日元気に過ごすようになりました。話して遊べば喉も渇きますし、お腹も空きます。そうなると食べ物や飲み物、その他必要な物を楽しく買ってくれるようになりました。また、おいしいものを見つけると近所の人にお土産として買って帰るそうです。この仕組みも利益を伴う売上増をもたらしたため「イノベーション」だと言えます。

このように、顧客の本当のニーズを知り、それに応えるのがマーケティングなのです。これは一般論ではわかりません。現場に出て、よく見、よく聞き、質問することが必要です。

以上のように、イノベーションは単独で起こすものではありません。常に目的が必要になります。事業の目的は「顧客の創造」ですから、イノベーションは、必然的に「顧客の創造」に欠かせないマーケティングにもとづくものでなければ意味がないのです。

2 イノベーションは、マーケティングの現実を知ることからスタートする

では、マーケティングはどのように行なえばいいのでしょうか?

マーケティングに取り組むとき、「社内の状況」からスタートしても、小売店のPOSデータと同じように「自社は、現在、どのような状況にあるか?」はわかります。しかし、「自社の事業は的を得ているか?」「自社の事業はどうあるべきか?」「顧客は何に対しておカネを支払っているのか?」まではわかりません。

このような問いを解決するためには、「企業の外部」から自社を見るしかありません。つまり、マーケティングの現実を知る必要があります。

その際、次の8つを認識しておく必要があります。

(1)企業は、自分たちが思っているほど市場や顧客のことがわかっていない

もし、自分たちが市場や顧客のことをわかっていたら、時間とコストをかけて開発した新商品が売れないわけがありません。また、開拓したつもりの新市場から売上げがあがらないこともないわけです。でも実際の新商品のヒット率は、非常に低くなっています。

したがって、「自分たちは顧客のことがわかっていない。本当に顧客のことを知っているのは

顧客自身である」との認識が必要になります。こうした認識を持つことで、顧客に質問し、観察し、行動の理解に努めて、①対象となる顧客はだれで、②どのようなものを欲しがり、③どんな買い方をし、④どのような使い方をするか、がわかるようになります。

たとえば、世界最大の小売業であるアメリカのウォルマートの経営陣は、週2回は売り場に立って来店した顧客に質問し、観察しているそうです。また、アメリカ最大の通信会社であるAT&T（日本のNTTのような存在）の元CEOのC・マイケル・アームストロングは、時間があればコールセンターに行って自らヘッドセットをつけて顧客からの相談やクレームに対応していたと言います。こうした行動は、たいへん重要で、経営トップが顧客の現実を見失わない最善の方法です。

（2）企業が売ろうとしているものと、顧客が買いたいものは違う

企業は商品という「モノ」を売っていますが、顧客は商品を買って得られる「効用」（ききめ、満足）を買っています。

そこで問題になるのが、満足とは個人が感じるものであり、満足には「個人差」があるということです。ですから、私たちは「満足そのもの」を売ることはできません。あくまでも、提供できるのは、顧客満足（問題や課題解決）の手段です。だからこそ、なおさら「顧客をだれにするのか」の絞り込みが必要になってくるのです。

たとえば、ほとんどのスーパーマーケットの野菜は、同じ大きさ、形の良いもの、色・ツヤなどを基準に仕入れをしています。それが消費者の選択基準と信じて疑わないからです。しかし、今でも本当にそうでしょうか? たとえば、茨城県つくば市にある農産物直売所の「みずほの村市場」では、近隣のスーパーの20~30%も値段の高い野菜が売れているそうです。

ここの商品の特長は「おいしさ」と「安全」です。顔が見える50数人の生産者が出品しているのですが、競うのは「価格」ではなく「おいしさ」です。そのために、その味が顧客にもわかるように全品試食ができるようになっています。根野菜などそのまま食べられないものは、素材の味が変わらないように加工して試食してもらいます。

そもそも野菜は生で食べるときでも、そのままではなくカットして食べるのが普通です。そう考えると、消費者の選択基準としては、「形や色」などと「おいしさ」のどちらが正解なのでしょうか? もちろん、「消費者が形が良く大きさの整ったものを好むからそうしているのだ」とスーパーマーケットの担当者は言うでしょう。でも、商品の選択基準(買いたいもの)は変わるものです。現在の、そしてこれからの消費者が買いたい食材の選択基準は、価格との兼ね合いもありますが、どちらが主流になっていくのでしょうか?

また、主流を外れたニーズに応えるニッチ市場でのビジネスは、成り立たないのでしょうか? そんなことはありませんね。後で述べる「イノベーションの戦略」で、ニッチ市場でのビジネスの有効性をたっぷりと説明します(121ページ)。

（3）自社の業界から見ている間は、競争の本質は見えてこない

前項（2）からわかることは、「企業が直接的な競争相手と考えているものが、本当の競争相手とはかぎらない」ということです。

たとえば、ベンツを移動手段としてではなく、ステータスとして買っているのであれば、ベンツの競争相手はレクサスだけでなく高級腕時計のロレックスも競合になります。ベンツも最高級品のマイバッハになれば、レクサスはステータスとしての選択肢から外されるでしょう。そのかわり、別荘や豪華客船での世界旅行などが入ってくるかもしれません。

また、2012年の夏は、プレミアムアイスの売れ行きが好調でした。明治が発売した1個200円を超える「グラン」が当初の販売計画を大きく上回り、生産が追いつかなくなって一時販売中止になりました。森永乳業が2005年に発売しはじめた「パルム」は2011年に売上げ100億円を超えました。こうした売れ筋のアイスを持っているメーカーの認識は、「ライバルはコンビニスイーツ」と考えたからだそうです。

同業他社の「アイス」がライバルではなく、消費者の「スイーツ」からの着眼が、ヒットの秘訣というのも興味深い話ですね。

(4)企業が重要と考える商品の特長が、顧客にとって重要とはかぎらない

(2)から言えるもう1つのことは、「企業が特長と考えるものを、顧客は必ずしも評価しているわけではない」ということです。

たとえば、飲食店は「当店はおいしいからお客様が来てくれた」と思っていても、顧客のほうは「お腹が空いているときに、たまたま通りかかったから入った」ということもあります。また、ファッションに興味がない私が散髪屋を選ぶ基準は「近い」「速い」「下手ではない」「おしゃべりじゃない」です。でも、お店の人は私の来店理由を「上手」「接客の良さ」などと考えているでしょう。

顧客が評価するのは「この商品やサービスは、私に何をもたらしてくれるのか?」だけです。それも状況によって微妙に変化します。

たとえば、東京都台東区にある『旅館澤の屋』の主な顧客は、外国人旅行客だそうです。12室のうちバス・トイレ付きの部屋は2室だけ。夕食も付いていません。しかし、5040円という低価格と周辺の下町の情緒が受け、2008年から2010年までの部屋の稼働率は90%を超えました。そのうち外国人の割合は90%だったそうです。

2011年は東日本大震災の影響で部屋の稼働率は75%にまで落ち込んだそうですが、2012年は80%まで回復できそうとのことです。

この事例から見ると、「バス・トイレ付きの部屋でなければダメ」という旅館やホテル側のこだわりが、外国人の顧客にとって重要とはかぎらないのです。

(5)企業の考えに関係なく消費者は常に合理的である

顧客の合理性が、企業が想定する合理性と同じと考えるのは危険なまちがいです。たとえば、散髪屋でおしゃべりをしたいときもあれば、考え事をしたいから話しかけないで欲しいと思うときもあるでしょう。いつも会話を楽しむお客様だからと、いつものように話しかけていると不快な顔をされたとしても、それは、その顧客の状況によっては合理的なのです。この場合、顧客の状況を考えようとしないで、いつもどおりに接客している理容師のほうに非があります。

ドラッカーは、「なぜ、顧客は不合理と思われるような行動をするのか、その理由を探し出すのが企業の仕事である」と言っています。

たとえば、2012年は売上げに苦しんだ日本マクドナルドですが、原田泳幸さんが社長になってからの8年間は8期連続で売上増を果たしました。彼は社員に「お客へのリサーチを元に新メニューを企画するな!」と言っていたそうです。それは、消費者に聞くと「低カロリーのメニューがいい」と言うに決まっているからです。

事実、同社のビッグマックは売れています。ビッグマックは557キロカロリーです。これとマックフライドポテトのSサイズ(249キロカロリー)とコカ・コーラのMサイズ(140キロカロリー)を一緒に注文すると946カロリーになり、低カロリーとはほど遠い食事になります。

しかし、本当においしいものは、そのほとんどが高カロリーと考えていいでしょう。だから、おいしさを優先する人は高カロリーのものでも食べるのです。その証拠に、以前と比べて肥満の割合が高く、ダイエットに関するサプリメント(補助食品)・本・機器が確実に売れています。この現象と「低カロリーのメニューがいい」という声は矛盾しているのでしょうか? そうではないですね。おいしいものを食べたい。でも、太りたくない。どちらも消費者にとっては合理的な思考です。ただ、1つの行動で同時に実現できないだけです。

(6)市場から見れば、特定企業の特定の商品は、それほど重要なものではない

どの商品、どの企業も、市場から見ればたくさんある選択肢(代替品・代替企業)の1つにすぎません。「私、ルイ・ヴィトンでなければダメなの」と言っている女性も、ルイ・ヴィトンがなくなったからといって裸で歩くわけではありません。また、「車はBMWにかぎる」と言っている男性も、BMWがなくなれば、きっと別の車種に乗り換えることでしょう。

つまり、顧客は、自分の満足を満たしてくれているときだけ、その商品に忠誠心(ロイヤリティ)を持つのです。ドラッカーは、「白さがこんなに違います」という洗剤メーカーのCMを例にあげ、「いったい、洗濯物の白さについて、話題にする主婦は何人いるのだろうか。そうした話題は、主婦の話題として考えられるもののうち、最下位に近いものであることは確かであ

る」と言っています。

それなのに、「白さの違いにすべての主婦が関心を持っていると思いたいのは、それが単に企業の関心事だからである」とドラッカーは言うのです。

私も独立してすぐのころ、中小企業診断士の仕事で福岡商工会議所や福岡市経済振興局などで「創業支援」の仕事をしたことがあります。そのとき、これから創業しようとする人たちの「思い込み」にはすさまじいものがありました。まるで、自分たちが売ろうとしている商品は、「この世に二つとない」と本気で信じ込んでいるかのようでした。でも、本人たちが「特長」と言っているもののほとんどは、すでにどこにでもあるようなものばかりでした。ですから、新規創業した企業のうち、80％の企業が10年以内に消えてしまうのでしょう。

(7) 顧客とは代金を支払う人ではなく、購入を決定する人である

「顧客がだれか」を知ることも、マーケティングの重要な役割です。

たとえば、製薬会社の顧客はだれでしょう。代金を支払う患者でしょうか？　調剤する薬剤師でしょうか？　それとも処方せんを出す医師でしょうか？　日本の法律や医療制度から考えれば、「代金を支払う患者」ではなく、「処方せんを出す医師」となるでしょう。

なぜなら、どの薬を出すか決めるのは「処方せんを出す医師」だからです。

つまり、顧客とは、「代金を支払う人」ではなく、「購入の決定」をくだす人なのです。もっと

も、薬の世界では、保健医療費を抑制するため、ジェネリック(後発)医薬品が普及してくると、購入の決定が患者本人や薬剤師になるかもしれません。

もう1つの事例は赤ちゃん用品です。シックス(6つ)ポケットと言われ出して久しいのですが、少子化が進むわが国では、赤ちゃんに関する支出は両親と2組の祖父母の財布から出ると言われています。現在は、両親のポケットは困窮していますので、フォア(4つの)ポケットになりつつあります。

では、この赤ちゃん用品を購入する際の決定権はだれにあるのでしょうか。ほとんどの場合、それは祖父母ではなく母親でしょう。ここでも代金を支払う人と購入を決定する人は別なのです。

したがって、商品のPRは、主に母親を対象にするのが正解になります。

(8)市場が特定できないときは用途からとらえることもできる

また、顧客を特定するのが困難な場合があります。原油などの素材メーカーや接着剤メーカーのように、最終用途が広すぎて顧客が特定できないケースもあります。そうした場合は、用途から考えることもできます。

たとえば、差別化が難しそうなタイヤ業界ですが、ブリヂストンは好調だと言います。その主な理由の1つが円高にも負けない高付加価値商品の強化でした。高付加価値と言ってもすべてのタイヤに通用するものではなく、限定された用途にだけ評価されるものです。それは鉱山用車両に使われる超大型タイヤの内側に手のひら大の「センサー」を貼り付けタイヤの圧力や温度を測り、パンクなどで車両が止まらないように交換時期を伝えるというものです。

これは「タイヤそのものを売る」というより、「円滑な車両の使用状況を売る」という発想です。鉱山などでは車両が止まることに比べれば、多少のタイヤの値段の高い安いなど問題になりません。このように用途さえ特定すれば、打つ手は無限に広がっていくのです。

3 業績を伸ばすための7つの考え方

アメリカ大リーグの一流選手を見ていると、投手も打者もとても個性的なフォームでプレーしています。でも、よく見ると、投げる瞬間やバットをボールに当てる瞬間は、とても理にかなっていて基本そのものです。だからこそ、好成績が残せるのでしょう。

これは企業経営にも言えることです。特別なことではなくて、基本を徹底することが大切なのです。ここでは、企業が押さえておかなければならない7つの基本的な考え方を確認しておきましょう。

(1)「成果」も「経営資源」も社外にある

大企業などで「プロフィット・センター」(利益センター)という言葉を使うことがあります。

しかし、ドラッカーはそれを全面否定しています。

社内にあるのは「コスト・センターだけだ」と言うのです。技術・販売・製造・経理など、どのような活動でも、その活動に伴って発生するのはコストです。その活動が成果に結びつくかどうかは、顧客が買ってくれるまで不明です。

たとえば、前述した日本マクドナルドは2012年度で8年続いた既存店の売上高増が途切れました。これは同社の社員がサボったからではなく、消費者の行動が変化してきたからです。一般的には、「コンビニなどの惣菜が拡充したため、外食市場が食われた」というのが定説になっていますが、同社の分析では、好調とみなされていた弁当や惣菜などの中食市場の業績もかんばしくないそうです。

こう考えれば、社内でいくら努力しても業績に結びつかないのは、成果(プロフィット・センター)が社内にあるのではなく社外にあることがわかってきます。

また、経営資源(ヒト・モノ・カネ)もその多くは社外にあります。ヒト・モノ・カネは社内外を流動するものです。では、特許やノウハウなどの知的財産はどうでしょうか。これもまた社外にたくさんあるのです。「Aにできたことは、必ずBにもできる」というのが、文明が発展してきた理由です。記録は常に破られるものです。同じ方法は使えなくても、別の方法で目的を達成することは可能です。

それに、そもそもあなたの会社で開発したものだけで仕事は回るでしょうか? まちがいなく、他社で開発したさまざまな手法を駆使して生産性の高い仕事のやり方をしているはずです。それが、後述しますが、ドラッカーのいう「創造的模倣」（他社の成功をひと工夫してマネすること）による企業の成長でもあるのです（114ページ）。

（2）「成果」は、「チャンス」の開発で得られる

問題解決で得られるのは、目的達成の阻害要因が取り除かれ「正常」の状態に戻すことだけです。そのうえ、環境変化でやっていること自体が問題になることもあります。したがって、成長のための成果は、問題の解決ではなくチャンスを生かすことでしか得られません。

たとえば、私たちは高い電力を買わされていますが、大量消費する大企業には安く提供されています。使用量によって基本となる電気の価格が決まるからです。そこにチャンスを見出している人たちがいます。マンションの入居者が個別で電力会社と契約するよりも、マンション全体で電気をまとめ買いして各戸に配るビジネス・モデルを考え出したのです。

これは今にはじまったことではありません。1970年頃のアメリカでも、電話で同じようなことがありました。当時のアメリカでは、使用頻度が高い大企業では安かった長距離電話も、使用頻度が低い中小企業や個人がかけるとすごく高かったのです。そこである人が電話会社と大口契約をして、それを中小企業や個人に再販売して大きな利益をあげました。

これを、個別の企業が電話代の高さを問題にして、会話の時間の短縮やかける回数を減らしした

としても、根本的な解決策にはならなかったでしょう。

(3)成果をあげるためには、経営資源をチャンスに配分すること

とは言うものの「問題をゼロにする」ことはできません。でも、問題を少なくすることはできますし、その努力は必要です。だからと言って、かぎりある経営資源を問題解決ばかりに使っていたのでは、企業は倒産してしまいます。それよりも、チャンスを最大化することに経営資源を使ったほうが、企業の業績は伸びるのです。

たとえば、松井証券の例があります。松井証券は、2012年4月~9月期の証券会社で売上高(純営業収益)14番目でした。しかし、最終損益では8番目です。同社の特徴は、インターネットの普及期に、証券会社のビジネス・モデルであった歩合給の営業パーソンによる営業から、いち早くネット専業の証券会社に転向したことが大きな要因としてあげられます。

同社は、営業パーソンによる証券会社では中堅でしかなかったのですが、ネットにいち早く取り組んだおかげで、ネット証券ではトップになり、しかも、話題性も独占できたので、強固な営業基盤を築くことができました。もっとも、今は、後続のネット証券の参入もあり、競争は激化しているそうです。それでも、売上げと利益の関係を見ると、他の証券会社よりも好調です。というのも、同社より売上げが多くて利益は少ない同業他社はあっても、売上げが低くて利益が多い同業他社はないからです。

（4）利益は「差別化」によってのみ実現できる

利益は差別化によってのみ実現できます。

差別化とは一言で言うと、他の商品より優位性があることを意味します。優位性とは簡単に言うと、他の商品との「違い」です。そして、他の商品との違いや、提供方法に違いがない商品を買ってもらおうと思えば、価格で違いを出す以外に方法はありません。ドラッカーも、「利益とは、顧客がカネを支払ってでも欲しいと思う商品やサービスにおいて、ユニークな、あるいは、少なくとも他の商品とは違った何かがもたらすもの」だと言っています。「ただし、何が欲しいかは市場や顧客によって異なる」とも言っています。

こうした何かを、ドラッカーは「商品のリーダーシップ」と表現しています。ここで言う「リーダーシップ」とは「差別化」のことであり、他の商品に対する「優位性」のことです。

ただし、リーダーシップ（優位性）と言っても、単に大企業であるとか、市場シェアがナンバーワンだというのではありません。市場シェアがトップの会社が利益でもトップであるとはかぎりません。かえって売上げ競争に走らないことで利益を確保している会社も多いのです。

たとえば、値下げ合戦が繰り広げられているスーパーマーケットの業界ですが、スパゲッティのトップ・ブランドである日清フーズの「マ・マー」や明治の「ブルガリアヨーグルト」などは、値引きの対象外となるか、値引きしても2～3％程度にとどまることが多いと言います。値引きは2番手以下のブランド商品が多いのです。トップブランドは、ブランドそのものが消費者にとって魅力になり、値引きしなくても買ってもらえるからです。

また、カメラ部門でも、デジカメでも一眼レフのトップ・ブランドであるキヤノンやニコンの業績は好調そのものです。キヤノンのカメラ部門の5年平均の総資産利益率（ROA）は49%、ニコンは同26%です。その元になっているのは、レンズの研磨技術です。レンズの研磨には職人芸を要するため、海外勢が今からはじめても、両者の技術に追いつくのに数年では難しいからです。

一方、単純比較はできませんが、設備投資（資金力）で何とかなるシャープの液晶テレビなどのエレクトロニクス機器のROAは5%にすぎません。つまり、技能を伴うノウハウがなければ差別化ができないということでしょう。差別化ができなければ、利益を出すことはできません。

（5）どのような差別化も一時的であり、短命である

ところが、どのような差別化もそれは永久不滅ではありません。（1）の「成果も経営資源も社外にある」で既述したようにA社にできたことはB社にもできるのです。

シャープが1995年頃から取り組んだ「液晶への集中」が戦略の失敗のように取り沙汰されています。しかし、それは誤解です。当時の液晶への取り組みは正解だったと思います。その戦略が経営環境の変化で陳腐化してしまったのです。これだけ経営環境が激変する時代に、10年、

15年も有効な戦略などありません。シャープがまちがったのは、その経営環境が変化したにもかかわらず、成功体験に引きずられ、戦略の転換をしなかったことでしょう。

同じように、1983年に出版された『エクセレント・カンパニー』(トム・ピーターズ、ロバート・ウォーターマン著、講談社)も世界で大ヒットした名著だったのですが、10年も後になると、「取り上げられた企業の多くがエクセレントではなくなった」と、同著自体が批判を受けるようになりました。しかし、その批判もシャープへの批判と同じようにまちがいです。

たとえば、3年前に恋人に「今は、君だけしか見えない」と言ったのですが、今では別に好きな人ができて、「あの言葉はウソだったの?」と言われたとします。潔い人は言い訳などせず「ごめん」としか言わないでしょう。しかし、本当は「今は君だけしか見えない」とウソを言ったのではなく、時の流れの中で「ウソになってしまった」のです。このようなことを書くと、数少ない私の女性読者の方から、「なんて冷たい人!」と思われそうですが、私が冷たいのではなく、現実が冷たいのです。戦略も差別化も、これと同じように過去のものになってしまうのです。

たとえば、携帯電話の市場で世界を席巻し、わが世の春を謳歌したノキアやモトローラは、スマホ市場では、市場シェアを失くしてしまいました。また、日本の携帯電話の各社もガラパゴス携帯と揶揄《やゆ》されるように、世界では存在感がなくなってしまいました。

こうした事例が示すように、「差別化」を維持するためには、顧客にとって魅力的であり続ける以外にないのです。これも男女関係と同じですね。顧客と良い関係を続けるには、安住ではなく貢献し続けるという緊張感が必要なのです。

(6)経営資源は、旬の過ぎた商品や事業に重点的に配分されやすい

「企業は自然現象ではなく、社会現象である。だから、全体の10～20%によって成果全体の90%が説明される」とドラッカーは言っています。ということは、コスト全体の80～90%は、成果の10%しか生み出さないものに使われているということです。

この法則にそって考えると、2012年3月期の決算でパナソニック、ソニー、シャープ3社合計の1兆6千億円の赤字というのも納得できます。コモディティ化(もはや差別化ができなくなった商品:その代表がガソリンや電卓)してしまったテレビ事業に重点を置いて、ヒト・モノ・カネ・時間をつぎ込んでいたのです。

これに反して意外(失礼!)だったのが日立製作所です。意外というのも、少し前までは、同社には重厚で保守的なイメージを抱いていたからです。ところが、同社は明らかに変化しつつあります。

日立といえば「重電の日立」であり、東京電力をはじめとする電力各社が最大のお得意様でした。実際に、10年ほど前までは、電力会社が同社の顧客ランキングの上位に並んでいました。しかし、2011年の3・11以降、最大の顧客は日産自動車に変わっているのです。

日産自動車は、「コストカッター」「系列キラー」の異名を持つカルロス・ゴーンさんが経営

トップに就任して以来、たいへん要求が厳しい顧客になりました。しかし、その厳しい顧客と取引するほうが、電力会社とパートナーシップを組むより、生存に適していると判断したのです。それが成功体験にしがみついたパナソニック、ソニー、シャープとの業績の違いとなって表れたのでしょう。

（7）集中こそ、成果をあげるカギである

「利益を伴った売上げをあげるには、努力を最小数の商品、商品ライン、サービス、顧客、市場、流通チャネル、最終用途などに集中して、最大限の収益をあげるようにしなければならない」とドラッカーは言います。これこそ、企業がリーダーシップ（差別化）を図るための唯一の手法なのです。

ところが、このドラッカーの「選択と集中」を中途半端にとらえて、日本を代表する経営学者の1人は「かつて、選択と集中という経営方針がもてはやされたが、これはバクチで、まちがった事業に集中したときの打撃は大きい。この言葉をはやらせたのはゼネラル・エレクトリック（GE）のジャック・ウェルチだが、GE自身は重電から放送まで多様な事業をかかえている。日本企業も『液晶にかける』といった単一の大型目標をかかげるのはやめたほうがいい」とコメントしていました。

このコメントがまちがいなのは明らかです。というのも、ドラッカーは別の箇所で「単一商品

に絞るのは、中小・零細企業でないかぎり、自殺行為だ」と言っているのです。ドラッカーが言っている「選択と集中」とは、「多角化する場合は、核となる共通技術か、共通市場に限定しなさい」ということです。そうしないと「相乗効果が出せないばかりか、経営資源（とくにノウハウ）の有効活用ができない」と言うのです。この教えの最高の事例が、ドラッカーが経営コンサルティングをしていたジャック・ウェルチのGEであり、コダックと富士フイルムです。

GEは3つの事業領域グループに集中して高収益を維持しています。

かつては世界ナンバーワンの写真フィルムの企業であったコダックは、主力としていた銀塩フィルムの衰退とともに淘汰されてしまいました。一方の富士フイルムは、銀塩フィルム市場が消滅しつつあるにもかかわらず、カメラや医療業界、化粧品などに進出して優良企業であり続けています。

では、コダックが「選択と集中」をして、富士フイルムが「選択と集中」をしていなかったのでしょうか？　そうではありません。富士フイルムほど「選択と集中」している企業もありません。ただし、同社の「選択と集中」している分野は「銀塩フィルム」ではなく「フィルム分野」と、フィルムを必要としていた「写真（光学）分野」だったのです。同社の商品の基礎技術を見ると、すべて「フィルム」と「光学」に関連しています。これは同社が80年という歴史の中で築き上げてきた、まぎれもないコア・コンピタンス（中核となるノウハウ）に「選択と集中」している証拠です。

第2章 これがドラッカーのイノベーションだ

1 イノベーションほど誤解されているものはない

「イノベーション＝何か新しいこと」ではありません。イノベーションとは、「新しい経済的な成果を生み出す行為」です。企業においては利益を出すことです。

ですから、技術開発を伴うこともありますが、実際には、既存の技術や商品の意味を変えたり、用途を変えたり、無関係と思われていたものを結びつけることのほうが多いのです。

たとえば、ゼロックスは、コピー機は機械そのものを売るのではなく、複写の手間をはぶくのを1枚当たり5セントという価格で販売しました。また、車を売れば販売業ですが、必要なときだけ貸すレンタカーになればサービス業になります。さらに、既存の商品である懐中時計とベルトを結びつけて腕時計ができました。はたまた、冷蔵庫を極寒の地方で食物を凍らせない保温庫として販売することも、新商品を開発したのと同じような経済効果（利益への貢献）があります。

エスエス製薬の商品の1つに「ハイチオールC」があります。1972年に主に全身倦怠・2日酔いのため発売された中高年齢者むけの大衆薬でした。この効用で発売以来20年ほど、売上高は20億円くらいで推移していました。

ところが、1990年の後半から「美白」ブームが起こりました。この美白に同薬の成分がしみ・そばかすにも効くことから、商品はそのままにコンセプトを変更し、中高年齢者むけの全身倦怠・2日酔いの薬から、若い女性むけに「体の中から治す」ための美白用にしました。そのおかげで変更した年の売上高は34億円に、その翌年は67億円にまで伸びました。

コンセプトの変更に伴いパッケージ、錠剤、価格などの変更、流通チャネルの変更は必要でしたが、そこには技術開発も商品開発も不要でした。これが用途開発というイノベーションの威力です。

これらに共通することはただ1つ、「新しい何らかの方法で顧客に貢献し、利益を伴う売上げをつくる」ということです。これが単なる新奇性（目新しさ）とイノベーションとの違いです。

では、最も広く誤解されている3つを確認しておきましょう。

（1）誤解その1：イノベーションは技術革新である

日本経済新聞を読むと、「イノベーション」という表現を使ったときには、必ず括弧書きで「技術革新」と語句の説明をしています。日本で最も権威のある経済新聞がイノベーションを「技術革新」ととらえているくらいですから、今でも世界トップの技術立国と思い込んでいる日本では、イノベーションを起こしにくいのだと思われます。

しかし、技術抜きでもイノベーションは起こせます。

たとえば、「ハローキティ」で有名なサンリオはイノベーションで劇的に業績を向上させました。新しいキャラクターの開発で？　いえ、そうではありません。アメリカで小売業や衣料品メーカーなどから受け取る「ハローキティ」のライセンス収入が伸びたからです。

同社は、アメリカでも直営店の展開で業績を伸ばそうとしていたのですが、物販は思うように伸びず、固定費の増加などで業績も低迷していました。そこで、２００８年に、30店あった直営店を閉鎖し、ライセンス収入を獲得するビジネス・モデルに切り替えたのです。これは、ライセンスを売るという発想がなかった同社にとってイノベーションでした。

このイノベーションのおかげで、２０１２年3月期の営業利益は前期の約3割増の１８９億円、5年前の3倍になりました。

今では、ライセンスの供与先はウォルマートをはじめ、アメリカの大手ディスカウントストアのターゲット、オーストリアの高級ガラスメーカーのスワロフスキー、スイスの時計メーカーのスウォッチなど800社近くにのぼっています。こうした展開で、売上高営業利益率は25%に達し、製造業の平均を大きく上回っています。

このように、技術革新を伴わないイノベーションは、経営者の発想の転換と決断だけで実現できます。

(2)誤解その2:イノベーションは全社的なものである

「イノベーションは技術革新である」との誤解から、全社あげての大がかりなものだと考えている人が多いのも現実です。しかし、イノベーションは個人でも起こせます。

たとえば、貼って剥《は》がせる「ふせん」(ポストイット)は、イノベーションの成果です。これは3Mで開発されたのですが、きっかけはたった1人の技術者の研究から生まれました。彼は絶対に剥がれない接着剤を開発したかったのですが、その途中で貼ってもすぐに剥がれてしまうものができてしまいました。それで、知人の役員秘書に使えるかどうか試してもらったところ、「使いやすくておもしろい」という評価をもらいました。それを商品化したものがポストイットなのです。

イノベーションは全社をあげて部やチームとして取り組むものもありますが、基本的には、既存の何かと既存の何かを組み合わせて新しい何かを創り出すものなのです。

しかも、まったく新しいことですから、やってみないと結果はわかりません。ですから、小さくはじめるのがイノベーションの上手な取り組み方です。とりあえず、自分1人か、せいぜい周りのだれかに声をかけてスタートし、うまくいきそうになったら、会社の仕事として取り上げてもらうくらいの感覚で良いのです。

(3)誤解その3:イノベーションには天才的なひらめきが必要である

イノベーションというと発明王のエジソンや、アップルのスティーブ・ジョブズなどがすぐに思い浮かんできます。いずれも天才と言われている人たちです。

ところが、イノベーションを天才に委ねていたのでは、新商品や新サービス、新しい仕組みなどは数十年に一度くらいしかできないでしょう。というのも、天才は数十年に1人か、数百年に1人くらいしか生まれないからです。

しかし、現実には、毎月、毎日のように、世界のあちこちで大小さまざまな新商品や新サービス、新しい仕組みが誕生しています。それは、取りも直さず、普通の人がイノベーションを起こしている証拠です。

たとえば、「あったらいいな」のテレビCMでおなじみの小林製薬の商品開発は、全社員にアイデアを出させ、それを専門部署のスタッフの人たちで商品化するという形でヒット商品を生み出し続けています。同社のヒット商品は天才のひらめきではなく、普通の人たちが調査や分析などの勤勉な仕事にもとづいて生み出しているのです。したがって、「イノベーションとは、普通の人たちが行なう体系的な仕事」だと言えます。決して特別なことではありません。

2 「想定外のものをチャンスに変える」のがイノベーションである

想定外とは、「事前に予想していた範囲を超えていること」です。ですから、目の前に現れたチャンスに対応する準備ができていません。ぼんやりしていると、その変化がチャンスだと気づかずに見過ごすこともあります。

その想定外には「想定外の成功」「想定外の失敗」「想定外の事象」があるのですが、その中でも「想定外の成功こそ、イノベーションの最大のチャンスだ」とドラッカーは言っています。そして、「リスクが小さく成功の確率が高いので、これほど苦労が少なくてすむイノベーションのチャンスはない」と続けています。

言われてみればそのとおりです。前述した「ポストイット」も、剥がれない接着剤をつくろうとして「貼って、剥いで、また貼れる接着剤」ができました。これを「失敗作だ」と見過ごしていたら、世界中で使われているポストイットは商品化されていませんでした。

ドラッカーの『イノベーションと企業家精神』に出てくるIBMの事例も参考になります。1930年代のはじめ頃（世界的な大恐慌）の同社は、赤字に苦しんでいました。ある晩餐会で創業者のトーマス・ワトソン・シニアの隣に座った女性が「どうして御社のセールスパーソンは、私に新商品を見せてくれないのですか？」と聞いたそうです。

そう言われたワトソンには、何のことだかさっぱりわかりませんでした。しかし彼は、翌朝、ニューヨーク公立図書館の幹部である彼女を訪問したそうです。そうして、当時、政府の予算がたくさんついていた図書館から、翌月の給料を支払えるだけの注文をもらったのでした。しかも、代金の決済は、その場の思いつきでつくった現金先払いという方法でした。もし、ワトソンが晩餐会での彼女のくれたチャンスを無視していれば、そのような幸運を手に入れることはできませんでした。

同社は、この話の15年後に科学計算用のコンピュータをつくりました。ところが、このコンピュータを産業界が給与計算に使い出したのです。当時、コンピュータの最先端を開発していたユニバックはこの想定外の使われ方を無視しました。

しかし、ＩＢＭは、自社開発したコンピュータを企業会計用に設計し直し、4年後には、コンピュータ市場のトップに踊り出たのです。

想定外をチャンスに変えることについては、２０１２年度のノーベル生理学・医学賞を受賞した京都大学の山中伸弥教授も、若手研究者へのメッセージとして「仮説に反する実験結果が出たことが何度もあります。そうした予想外の結果こそチャンスにつながります」と強調しています。

だからと言って、偶然に想定外のことが起こるまで待っているのは企業活動ではありません。

想定外の成功は、意識して会社ぐるみで、社内外での出来事のなかから探さなければいけないのです。

この「想定外の成功」とは逆の「想定外の失敗」も、市場のニーズの変化により、これまでやってきたことが的はずれになったという市場からのシグナルですから、想定外の成功と同じようにイノベーションのきっかけにしなければなりません。

また、「想定外の事象」も環境変化のシグナルですから、見過ごしてはいけません。何らかのビジネス・チャンスが必ず生じていますので、しっかりと観察・分析することです。

3 「理想とする状況とのギャップを埋めるための商品化・サービス化」がイノベーションである

ギャップとは、あるべき姿（理想とする状況）と現実との差異であり、不一致です。原因が不明のこともあります。それでも、ギャップがあること自体がイノベーションのチャンスになります。これは、想定外の成功や失敗と同じように、すでに起こっていること、あるいは、起こりうる兆しですから、イノベーションのチャンスとしては失敗のリスクが小さく、成功の確率が高くなります。

このギャップは、①需要とのギャップ、②通念とのギャップ、③消費者の価値観とのギャップ、④プロセスにおけるギャップ、に分類することができます。

①の需要とのギャップは、ある商品やサービスに対する需要が伸びているならば、利益を伴う売上げをつくることは容易なはずです。しかし、利益が出ていないのであれば、何らかのギャップが生じていることになります。そのギャップの解消がイノベーションになるのです。

たとえば、鉄鋼業界では需要が伸びているのに利益をあげることができませんでした。高炉の場合、増産の設備投資をするときの最小単位が大きく、新たな生産能力に需要が追いつくまで相当の期間を要し、その間、稼働率がいちじるしく低下するからです。

これを解消したのがくず鉄を原料にする電炉でした。電炉は、高炉よりもはるかに小さな生産能力で稼動することができ、高炉に比べると設備投資額が少なく、ランニングコストも低いことから高炉よりもはるかに小規模の企業でも経営が可能になりました。

②の通念とのギャップは、「常識と思われていたこと」や「不可能だと思われていたこと」が、たんなる思い込みであったり、技術開発などにより状況が変化したりして、今日の現実と差が生じている状態です。

たとえば、燃料電池の分野では、それまで「ありえない」と言われていた固体酸化物燃料電池を使って、工場などでムダに捨てられている熱を回収して再利用する技術が開発されました。この技術によって、既存の化学プラントや発電装置を大きく変えなくても、追加の設備投資だけで大幅に燃料が減らせるようになるそうです。

また、海運業では、生産性をあげるためには船を大きくするか、巡航速度をあげなければならないというのが通念でした。しかし、本当は積荷の上げ下ろしに時間がかかっていました。このギャップを解消したのがコンテナ船でした。なお、コンテナそのものは、ずっと以前から鉄道では使われていました。海運業の生産性を4倍にあげたイノベーションの源は、そのとき、すでにあったコンテナの応用だけだったのです。

③の消費者の価値観とのギャップは、消費者の価値観を企業が読み違えている状態です。たとえば、テレビの普及期には、「所得の低い農村地帯ではテレビは売れない」と家電業界の人たちは信じ込んでおり、テレビの販売は大都会を中心にしていました。しかし、松下電器(現パナソニック)だけは農村地帯でも販売して大成功を収めました。しかも、大型テレビが売れたのです。それは、農村の人たちにとって、テレビが外の世界と接する唯一の方法だったからです。おそらく、年収に近い金額のテレビを買うことはたいへんだったと思いますが、それでもお金を何とか工面して買ったのです。

もう1つの事例は花屋です。花屋では、売れ残って捨てる花が業界平均で10~20%あります。ですから、仕入れた花を長く持たせるために冷蔵ケースを導入したり、廃棄率を見込んで価格設定したりしています。それが業界の常識だからです。

ところが、消費者のほうは、そのような花屋の事情は一切関係ありません。消費者の不満は、「花が高いこと」だけです。そこに目をつけたのが「青山フラワーマーケット」を約80店舗展開するパーク・コーポレーションです。

同社は、普段買いの花を中心に販売しており、平均客単価は1500円とギフト中心の生花店の3分の1にもなりません。仕入れた商品は1～2日で売り切るため冷蔵ケースは置いていません。また、廃棄率が3％以内ですから廃棄分を上乗せした価格設定をする必要がなく、その分、低価格で販売できます。これが消費者の価値観と一致し、好業績を維持しています。

④のプロセスにおけるギャップとは、リズムや一貫性の欠如です。具体的には、「こうしないといけない」と言っている商品にもかかわらず、「そうするための道具がない」場合などです。

たとえば、かつて、芝生関係の肥料や殺虫剤などは、科学的かつ徹底した実験にもとづいて調合されていました。ですから、それらの散布は、温度や土地によって違ってくるので、メーカー各社はその状況に合わせた散布をするように説明していました。しかし、消費者には肥料などを厳密に散布するための道具がなかったのです。

そこに、スコット社が、スプレッターという穴の大きさを調整できる散布用の単純な手押し車を開発し、定量かつ均等に散布できるようにしました。同社は、これによって芝生関係のトップメーカーに成長しました。

このイノベーションのチャンスは、現在の日本でも生かせます。たとえば、アルバイト募集の張り紙は良く見かけるけれど、ネットで欲しい求人情報に行き当たらない。また、採用する側も、採用できたらそれに応じた費用を出すのはかまわないが、採用できないのに募集広告に金は払いたくないというニーズもあります。

このギャップをビジネス・チャンスとしたのが、最年少で上場を果たした村上太一社長が率いる「掲載料不要サイト」のリブセンスです。ネットで欲しいアルバイト情報が見つかる一方で、採用側には採用できたときだけ斡旋料をとるというビジネス・モデルです。

なお、リブセンスのサイトを使ってアルバイトを採用した企業が、同社に内緒にできないように、採用されたアルバイトに「祝い金」を出すようにしました。それで、同社は確実に斡旋料を得ることができるようになったのです。このような方法は、一般的に「損して得とれ」と言われていますが、すごい発想です。これも、ドラッカーの言う「なぜ、気づかなかったのだろう」と言わせる、最高のイノベーションの1つですね。

4 「プロセスニーズを商品化・サービス化する」のがイノベーションである

このニーズはきわめて具体的なニーズです。それは、「想定外のもの」や「ギャップ」と同じように、企業や業界の中にあり、目的が明確なニーズです。すでにある未完成のプロセスを完成させたり、欠陥を補ったり、欠けているものを補完したり、最新の技術やノウハウを取り入れて古いプロセスを組み直したりするニーズです。

プロセスニーズにもとづくイノベーションは、業界内の人ならばだれもが知っている状況で行なわれます。つまり、だれもが知っているのですが、それを何とかしようとする人がいなくて、すべての人が現状をガマンしたり、仕方がないとあきらめたりしている状況の中で行なわれます。ですから、いったんイノベーションが行なわれると、当たり前のように普及していきます。

1455年にグーテンベルクが活版印刷を発明して以来、高速の印刷機が開発されたり、高速の製紙機械が開発されたり、出版物のための輸送も滞りなく行なえるようになっていました。しかし、どういうわけか植字だけは熟練工の手によって行なわれていました。それを機械化することができれば出版物はより安価で、より速くなることはだれにもわかっていました。

それなのにメルゲンターラーがライノタイプ（植字機の一種）を発明したのは1885年であり、印刷機が発明されてから400年以上も後でした。しかも、これには既存の技術をひと工夫する必要はあったのですが、本当の意味での発明は不要でした。

こうしてつくられたライノタイプは、植字工組合の激しい反対にもかかわらず、発明された5年後には、標準的な機械として普及していったのです。

これに匹敵する現在のプロセスニーズにもとづくイノベーションには「植物工場」があげられるでしょう。採集型農業から農耕型農業に変わり数千年が経過しました。この間、品種改良や肥料、殺虫剤などの技術は飛躍的に進化し、農業の生産性向上に寄与してきました。しかし、1つだけ、農業は天候に左右されるという、どうしようもないと思われるプロセスだけが残っていました。

これを一部改善したのがビニールハウスであり、全面的に変えたのが植物工場です。このビニールハウスも植物工場もともにイノベーションでした。この発明により天候に左右されない農業が可能になりました。今ではトマトやレタスなどの野菜は当然のことながら、漢方薬の70%に処方され、品薄が続いている甘草《かんぞう》の水耕栽培もできるようになりました。これまで中国から100%輸入していたのですが、これにより中国の採取制限などによる影響から逃れることができるようになります。

もう1つの事例はアパレルです。ファッション業界では、メーカーの商品開発に、該当シーズンの半年以上も前から取りかかり、それを半年近く前の展示会で小売業が注文し、シーズンになると店頭に並ぶというビジネス・モデルが定着していました。

しかし、衣料品は売上げを最も天候に左右される業界でもあります。つまり、シーズンに入って売れている商品を参考に、企画して需要に応じて生産し、店頭に並べるのが最もリスクが少なく、確実に売れる方法なのです。このビジネス・モデルを確立した1社がクロスカンパニーです。

同社も創業当時は高級衣料店として、海外のファッション性の高い衣料を仕入れて販売していました。ところが、苦労して有力なブランドを発掘しても、売れ行きは天候に左右されますし、おまけに大手商社が独占販売権を獲得して取り扱いできなくなることも、たびたびありました。

そこで同社は、ビジネス・モデルを切り替えました。それは、①仕入れるのではなく独自に開発する、②輸入から地元で製造する、③高級衣料からジーンズ主体にする、でした。それは本社を置く岡山が世界的なジーンズの生産地でもあったからです。その結果、通常、半年前に商品を選定しなければならなかったのが、商品企画から店頭に並ぶまで、最短で1週間でできるようになったのです。これが厳しいアパレル業界にありながらコンスタントに経常利益率10％以上を確保している理由です。

5 「市場と業界構造の変化を商品開発に生かす」のがイノベーションである

市場や業界構造が変化したときも、イノベーションのチャンスです。

市場や業界構造の変化は、その市場なり業界なりができたときは変化が激しいのですが、成長期から成熟期になるころには新規参入企業もなくなり、その後は長い間、変化しません。そのため、市場や業界構造は安定的であると考えがちです。

日本の通信業界を例にあげれば、1868年に日本電信電話公社が創設されました。それに関する電話交換機や電話機を製造する富士通、NEC、沖電気の3社は「電電ファミリー」と呼ばれ、長い間、安定的な経営を続けてきました。

しかし、日本の通信業界は、1980年の中頃からの携帯電話の普及、さらにスマホが普及しだしたここ数年の間に、またたく間に変化していきました。富士通、NEC、沖電気の3社は今でもNTTの通信関連の基礎的な部分では大きな役割を果たしているようですが、消費者の目に映る分野では、すでに過去のものになってしまいました。このように、安定的に思える業界構造や市場構造は、いったん変化がはじまると、まったく間に変わってしまうのです。

このような時期には、既存の企業、とくに大企業は、既得権を守ろうと変化に抵抗します。そのため、新しいことに率先して取り組むことはできません。そこに、新興企業にとっての新規参入やイノベーションのチャンスがあるのです。

こうした業界や市場の変化をチャンスとして伸びた会社がたくさんあります。格安航空券という市場を切り開いたエイチ・アイ・エスもその1つでしょう。同社の創業者の澤田会長は、「だれの目にも好調に映る産業は、すでに衰退がはじまっています。時代の変化をとらえ、10年先に伸びる分野に投資しなければなりません。困難に見える分野への進出はだれもがためらうので、私のようなチャレンジャーには好都合」と言っています。

また、便利さを売り物にしてきたコンビニですが、飽和状態に近くなり儲からない体質になってきました。しかし、メーカー品の定価販売だけだったビジネス・モデルを修正し、PB（プライベート・ブランド）商品に取り組み、他社にない商品の品ぞろえや、低価格品の強化で主婦などに客層を広げ、さらなる成長軌道に乗ろうとしています。

6 「人口構造の変化に合わせて商品開発・サービス開発する」のがイノベーションである

業界の外部で起こる変化で、人口構造の変化ほどわかりやすいものはありません。人口構造の変化とは、総人口の変化だけではなく、年齢構成、男女比、雇用状況、教育水準、所得階層などの変化も含みます。

これらの変化は、短期的な消費構造だけでなく、社会や文化、政治まで確実に変えてしまいますし、いつ頃変わるか（リードタイム）まで明らかにしてくれますので、長期的な傾向の判断材料としては最適なものです。

たとえば、２０３３年の日本の20歳の人口は、２０１３年に生まれた赤ちゃんの数です。よほどの災害や大量の移民を受け入れないかぎり、この数が大幅に変わることはありません。こうした年齢構成を参考にすれば、3年後、5年後、15年後の市場規模の推移が見えてきます。

たとえば、団塊の世代といわれる65歳前後の人たちを対象とする主な市場は、現在では旅行や趣味ですが、10年後、15年後には、老人ホームやケアハウス、老人医療の顧客になります。

こうした人口構造の変化を取り入れて経営に生かしているのが東京ディズニーランドを運営するオリエンタルランドです。

同社は、２０１３年3月期の業績予測も順調なのですが、その背景には40歳以上の客層が増えてきていることもあるそうです。２０１２年の4月〜9月期では、40歳以上の人の入場者に占める割合は19・7％と、10年前より4％ほど高くなっています。彼らは若いときに来場した経験を持ち、思い出の地として、また、祖父母・両親・子どもの3世代が楽しめる空間としてディズニーランドをとらえています。テレビCMもそのようなシーンを演出しています。こうした努力もあり、入場者1人当たりの支出額は上期としては過去最高だったということです。

また、ユニ・チャームの戦略はさらに徹底しています。自社のオムツからスタートするのではなくて、人口構造（社外の動き：マーケティング）からスタートしています。同社は、赤ちゃんのオムツではなく、「そもそもオムツを使用するのは、どのような状態か」からスタートしているのです。

その前に、生理用ナプキンの会社だった同社がオムツにたどり着いたのは、「生理用ナプキンの市場はどこにあるか?」ではなく、「そもそも市場はどこにあるか?」を自問したから。それと生理用ナプキンの機能を結びつけたのでした。これらの元になったのは、人口構造に着眼したことがきっかけだったのです。

7 「考え方・価値観・認識の変化を取り入れて商品開発するのがイノベーションである」

ペットボトルに水が半分入っています。これを「まだ半分ある」と言おうと、「もう半分しかない」と言おうと、物理的には同じです。しかし、1人ひとりの消費行動は違ったものになってきます。ドラッカーは「この『まだ半分ある』から『もう半分しかない』に変わったときに、大きなイノベーションのチャンスが生まれる」と言っています。

現在の日本でもそうですが、30年ほど前のアメリカは、たいへんな健康ブームだったそうです。その頃のアメリカは、かつてないほど健康が増進された時代でもありました。それなのに、それまでにないほど健康に対する関心と恐れが高まり、ドラッカーに言わせると、「まるで集団ノイローゼにかかっているのでないかと思えるほどだった」そうです。

こうした考え方の変化がイノベーションのチャンスになりました。たとえば、新しい健康専門誌『アメリカン・ヘルス』は、発刊後わずか2年で読者が100万人に達したそうです。

それをさらにさかのぼる1950年代初期のアメリカでは別の認識の変化がありました。それまで多くのアメリカ人は、自分たちを労働者階級と認識していました。ところが1950年代の初期を境に、多くのアメリカ人たちが自分たちを「中流階級」と認識するようになったのです。

その認識の変化で何が生じたと思いますか？　「教育に対する認識」が変わったのです。労働者階級はその一生を労働者として生きるのですが、中流階級とは、努力次第で出世が望める階層なのです。つまり、自分の子どもたちは、学校の成績次第で出世していけると信じきれる人たちでした。

そこに目をつけたのが、百科事典のブリタニカです。同社は、「中流になるためには、『ブリタニカの百科事典』を買って勉強の助けにしてやらなければならない」というキャッチコピーを考えて業績を伸ばしました。そうしたアメリカでのブームの10年後、同社は、中流意識が芽生えだした日本でも同じような成功を収めたのです。

現在の日本でも、無・減農薬、有機肥料栽培の農産物や無添加の加工食品をネット販売し、会員の自宅に宅配便で商品を届けるオイシックスは、価値観の変化をチャンスとして業績を伸ばしています。

同社がこの事業に進出したころの生産者は、色や形や大きさが規格外というだけで廃棄処分にしていました。しかし、消費者のほうは、「形が不ぞろいでも、安くて安全でおいしい野菜なら買う」という価値観に変わっていたのです。そこで同社の担当者は生産者を説得し、通常品より30％程度安い価格設定でネット販売することで急成長をとげました。

また、東洋水産の生麺に近い食感を出した「マルちゃん正麺」が高めの価格設定（5食分500円）にもかかわらずヒットを続けています。デフレ経済の日本では、消費者は低価格志向だとの認識が一般的ですが、実際は少し違ってきているようです。消費者は全体としては価格志向ですが、価値に見合った価格は受け入れる人も多いのです。外食が減り、中食までも減り、内食志向が高まるにつれ、食品では小さなプチ贅沢商品が増えています。前述したプレミアムアイスもその1つです。

人の心は変わるものです。状況が変わらなくても、その状況に慣れてくると行動が変わることもあります。そうした考え方・価値観・認識の変化を見逃さないことです。ただし、考え方・価値観・認識の変化は、兆しの段階では統計データには現れません。やはり、ドラッカーの言うように、外に出てよく見、よく聞き、質問する以外にありません。

8 「新しい技術とノウハウの出現を生かして商品開発する」のがイノベーションである

新しい技術とノウハウの出現によるイノベーションは、最もイノベーションらしいイノベーションです。ドラッカーは、新しい技術とノウハウの出現によるイノベーションを、多少の皮肉を込めて「企業家精神の華、スーパー・スター」と言っています。

新しい技術とノウハウの出現にもとづくイノベーションは、他のイノベーションとまったく異質な次のような特徴を持っています。それは、①イノベーションにいたるまでの時間が長い、②失敗率が高い、③予想が困難である、④そしてそれらに付随するさまざまな問題を発生させる、などです。

たとえば、コンピュータですが、コンピュータの開発に必要なものは二進法、パンチカード、三極管でした。二進法は17世紀に発明され、0と1で表現されるものでコンピュータには不可欠のものです。19世紀に発明されたパンチカードによって数字を使って指令することができるようになりました。そして1906年に開発された三極管によってエレクトロニクスが出現しました。こうした基礎的な技術はそろったのですが、実際にコンピュータが開発されたのは1946年、条件がそろった40年後のことでした。

今をときめく炭素繊維も、最初に開発されたのは1959年ですが、航空機や車に本格的に使用されるようになったのは、ここ数年のことです。つまり、少なくとも50年近く経過していることになります。

このように、華々しくもてはやされる新しい技術とノウハウの出現にもとづくイノベーションは、たいへんな時間と労力がかかります。大企業であればその負担に耐えられるかもしれませんが、中堅・中小企業には不向きなイノベーションの源泉です。

私たちビジネスパーソンは、修行や苦行のために仕事をしているのではありません。事業を通じて社会に貢献するという目的があります。そして、そのためには利益が必要であり、利益は生産性の向上によってもたらされます。

ですから、私たちが取り組むイノベーションは、速く、安く、しかもリスクが少ないうえに成功の確率が高いものでなければなりません。そうした意味でも、ここで紹介した①想定外のもの、②ギャップ、③プロセスニーズ、④市場と業界構造の変化、⑤人口構造の変化、⑥考え方・価値観・認識の変化、⑦新しい技術とノウハウの順番にイノベーションのチャンスをつかむことです。ドラッカーもそれを奨めています。

第3章

イノベーションには経営方針が必要だ

1 経営方針は「市場の細分化」と「市場での地位」で決める

（1）市場の細分化（セグメンテーション）

「顧客の創造はマーケティングとイノベーションで行なう。しかし、そのマーケティングの前提には、経営方針とでも言うべき市場の細分化と市場での地位の決定がなければならない」とドラッカーは言っています。

イノベーションは単独で存在しているのではなく、マーケティングにもとづいて行なうものです。そして、そのマーケティングも手当たり次第に行なうものではなく、経営方針にもとづいて行なうものなのです。

その経営方針とでも言うべき「市場の細分化」(市場のセグメンテーション:一定の基準で行なう分類)と「市場での地位」(細分化した分類の中から選んだ特定市場でのポジショニング:特長づけ)とは、どのようなものでしょうか? また、なぜ、それが必要なのでしょうか?

ここでは、『コークの味は国ごとに違うべきか』(文藝春秋)の著者であり世界トップクラスの経営学者であるパンカジ・ゲマワットさんの研究成果を事例に使って説明しましょう。

世界最大の小売業のウォルマート(2011年の売上高約4190億ドル、約39兆円)の2004年の海外での収益は、本社があるアメリカのアーカンソー州から遠ざかるほど悪かったそうです。具体的にはメキシコやカナダはまだ良かったのですが、ドイツ、韓国、中国は悪かったのです。

同社のトップはアーカンソー州からアメリカ国内のアラスカ州に進出したのと同じビジネス・モデルでアルゼンチンでも成功すると言っていました。その考えにそって海外に出店するときも品ぞろえのための商品リストはアメリカの本社で作成し、現地に送っていたのです。しかし、その品ぞろえでは売れませんでした。つまり、出店先の地域のニーズに合わなかったのです。世界のどこでも「当社の考えが通用する」という感覚だったから失敗したのです。アメリカの本社から遠ざかるほど業績が悪かったのは、遠ざかるほど生活習慣や購買習慣が違っていたからでした。

そうした現実にもとづき、同社は、その方針を転換しました。海外に進出するときは、出店先の競合店の品ぞろえの分析からはじめ、その結果にウォルマートの特長を加えるようになったのです。たとえば、中国の店舗では、食材売り場にアメリカではありえない「亀」を売っているそうです。

これが市場の細分化（セグメンテーション）の考え方です。市場を何らかの基準（たとえば、地域別、年齢別、価格帯、嗜好別など）で分類（区分け）します。つまり、大きな市場を「限定的な市場」にバラしてしまうのです。そうすることで、それぞれ区分けした市場のニーズに対応することができるようになります。

すべての人に受け入れられるような商品にしようとすると特長がなくなり、結局は、だれにとっても魅力のない商品になってしまいます。特長とは、「他よりも特に優れている点」ですが、商品の場合、どのように優れているかは、消費者の評価によって決まるものです。消費者にはそれぞれの価値観があり、その価値観にもとづいた評価基準に違いがありますので、価値観が多様化した今日の市場においては「万人受けする商品」などありえないと考えるべきです。だから、特定の市場ニーズに応えるために、ニーズごとに区分けする市場の細分化が必要になるのです。

なお、市場を細分化したからといって、そのなかの1つだけに特化する必要はありません。細分化した複数の市場で競争優位が実現（差別化）できるのであれば、細分化した複数の市場に対応するのも大いにけっこうです。

ただし、限定市場で急成長してきた中小企業にありがちな「総合〇〇企業化」ですが、1つひとつの市場で差別化が図れていないのに、「総合力で勝負」などという発想は、もはや通用しないと認識してください。魅力のない商品まで1つの中小企業から買わなくてはいけないほど流通は不便ではないからです。

(2)市場での地位(ポジショニング)

市場の差別化で限定的な市場の焦点を定めました。では、「それからどうするか?」の次の一手が必要になってきます。

限定的に市場を絞り込んでも、まったくの無競争というわけにはいきません。超ニッチ市場でもないかぎり、必ず競争相手はいます。そこで限定された市場のなかでの特長を打ち出さなくてはなりません。そのために必要なものが市場での地位(ポジショニング)なのです。

ポジショニングを辞書的に表現すると、「競争関係にある商品などを、一定の条件で位置づけること」となるでしょう。

たとえば、乗用車を例にあげてみましょう。乗用車は大型(高級)車、中型車、小型(大衆)車に分類できます。つまり、3つの市場に細分化(セグメンテーション)できます。そのなかで大型車の市場に焦点を当てることにしましょう。

ここには高級車を代表するベンツをはじめ、レクサス、BMW、アウディ、ボルボ、ポルシェ、フェラーリ、リンカーン、ロールスロイスなどがしのぎを削っています。こうした市場で特長

（コンセプト）を打ち出さなければ最もブランド力があるベンツの1人勝ちになってしまうかもしれません。

そこで、ポルシェやフェラーリは、高級スポーツカーというコンセプトを打ち出し、走りの好きな客層を惹き付けています。また、レクサスは静寂性というコンセプトを打ち出し、乗り心地の良さを求める客層に支持を得ています。さらに、アウディは優雅さというコンセプトを打ち出し、女性にも人気があります。それから、ボルボのコンセプトは安全性というところでしょう。

そうしたなかで、「走りは好きだけどビジネスにも使いたい」という客層に対してBMWは「スポーツセダン」というコンセプトを打ち出しています。同社の年間の販売台数は180万台（2012年度）くらいで、販売台数そのものは中堅からそれ以下の自動車メーカーですが、市場での位置づけを明確にしており、それが客層に浸透しているためブランド力もあり収益は上位にランキングされています。

これはすべての規模の企業に必要なことです。大企業でも2番手、3番手企業になるほど、限定的な市場での特長づけが必要になってきます。そして、このようなことに無頓着な中小企業のほうが、より慎重にセグメンテーションとポジショニングをしなければなりません。私が主宰するドラッカーの会員制の勉強会の塾生には、東京の新宿区の1丁目、2丁目……と地域を絞り込んで新築専門の工務店からリフォーム専門に業態転換し、「建物の掛かりつけ医」として業績を回復している例もあります。

低成長から縮小する市場環境にあっては、特定の客層の、特定のニーズに応えることこそ、業績をあげる唯一の秘訣なのです。

2 何を選び、何を捨てるかの決定が経営戦略を有効にする

経営戦略と言うと、「何を選ぶか」が焦点になるような気がします。ところが、「何を選ぶか」はそれほど難しくはないのです。良さそうなものはだれが見ても良いからです。本当に難しいのは、最後に残った複数の甲乙付けがたい選択肢から「どちらを捨てるか」です。

どちらを選択してもうまくいきそうな場合、一方を捨てると、捨てた事業で他社が成功するのではないかと不安になります。しかし、大企業でないかぎり、一方を捨てなければ経営資源が足りなくなり中途半端になって、両方とも有力な事業に育てることができません。

あるいは、これまで会社を成長させてきた事業を捨てることは、精神的な苦痛が伴います。昔を懐かしむ諸先輩（以前の上司）たちから不満の声があがってきます。また、自分の功績を否定されていると勘違いする創業者や前任の経営者からは、強い圧力がかかってきます。こうしたなかで、既存の事業を廃棄するには、強い意志が必要になってきます。

また、日本企業は、「本業」という言葉をよく使います。この本業という言葉はドラッカーには出てきません。出てくるのは「ドメイン」（事業領域）です。あるいは、「明日の商品」「今日の

商品」「昨日の商品」や「主力商品」「補助商品」です。この「商品」を「事業」に置き換えても「本業」という意味にはなりません。

ソフトバンクの社長の孫正義さんは、「経営者の最も重要な仕事は事業領域（ドメイン）を常に見直すこと」と言っています。市場が縮小するのに既存事業にしがみつくのは自殺行為なのです。だからと言って、横並び意識そのままに、なんの脈絡もないままに他社に追随するというのも非常に高いリスクが発生します。そこに、市場の細分化と選択した市場での特長づけが必要になります。

そして、競争を優位にするために有望な事業を抽出し、その中から最も競争力を発揮できる事業を選択して、かぎりある経営資源を重点的に投入する。そのために、それ以外の選択肢を捨て去ること。これが経営戦略です。

◆「選択と集中」の本質

ここで、戦略に必須の「選択と集中」について確認しておきましょう。

ドラッカーの言う「選択と集中」とは、縮小したり、衰退したり、消滅したりする事業にしがみつくことではありません。既存事業には商品の競争優位性を生み出す何らかの強み（コア・コンピタンス）があります。それがなければ競争に勝てないからです。

ですから、「コア・コンピタンスを元に『選択と集中』を行ないなさい」と教えているのです。

そのコア・コンピタンスを生かせるのは、既存事業と「共通の技術分野」か「共通の市場」です。

たとえば、イケマンファームという中小企業(従業員37名、売上高9億円超)があります。創業は1736年の老舗企業です。事業内容を長い歴史のなかで両替商、米穀商、製菓製造などに変えてきました。

1952年から文具販売を行ないはじめ、現在はビジネス用品・文具販売を行なっています。当初の事業領域(ドメイン)は、「オフィス街の人に使ってもらう物を売る」でしたが、1970年代からはさらに絞込み「ビジネス用品」になりました。しかし、文具も売っていますが「筆屋になるな」と言い続け、筆記具が鉛筆からワープロ、パソコンに移り変わるごとに取扱商品も合わせてきました。

これこそ真の「選択と集中」なのです。

第4章

イノベーションのスタートは経営理念である

1 経営理念や価値を明確にする

イノベーションを起こすためには、経営理念（目的）を明確にする必要があります。

なぜなら、イノベーションそのものは目的ではなく手段だからです。「だれの、どのようなことに貢献する」といった目的があってこそ、イノベーションの分野も明らかになってきます。

しかし、ほとんどの企業では、「経営理念」は、社長の机の後ろか、応接室の壁にかかげているアクセサリーになっています。業績が悪い企業ほどその傾向は強いようです。私が社員研修やコンサルティングで企業に行ったとき、「経営理念は何ですか？」とたずねて即答できる社員はあまりいません。とくに長文で書かれた経営理念ほど、暗記もされていません。

また、一言で書かれた経営理念は言える社員が多いのですが、「経営理念とあなたの仕事はどのような関係がありますか?」とたずねると「……」となってしまいます。経営理念とは企業の存在理由であり、仕事の目的です。目的が「わからない」と、企業全体がチームとしての体をなしませんし、結果として業績も悪くなります。

このような企業では、目的がないから当然なのですが、事業目的(コンセプト)も戦略目標(ビジョン)もありません。あるのは予算だけです。この場合の予算とはノルマです。まるで、20世紀中頃までのビジネス・モデルです。これでは、近代兵器で武装している敵に向かって、竹やりで突撃しているようなものです。

そのような企業の社員はサボっているわけではありませんし、やる気がないわけでもありません。ただ、「何をやるべきか?」がわからないのです。ですから、各人が自分の価値観や経験にもとづいて仕事をしています。やりやすい仕事をやっています。個々の能力はあってもチームワーク(連係プレー)になっていないのです。

そんな企業を横目に、経営方針を徹底させ、業績を伸ばしている企業がカレーチェーン『カレーハウスCoCo壱番屋』を展開する壱番屋です。牛丼チェーンなどが値下げ競争で苦戦するなか、同社の業績は堅調に推移しています。

同社の強さの秘密はいくつかあります。まず、カレーチェーンの基本は安定したルーの調達ですが、これはルー製造で国内トップのハウス食品から調達しています。次に、同社のトッピングは40種類近くあって、ソースに特徴がないため、「どのトッピングにも合う」と専門家は指摘します。だから、顧客は、必ずと言っていいほどトッピングするので客単価も下がりません。

そして、何よりも他社が追随できない差別化の理由になっているのが社員の育成方法です。同社の社員は、フランチャイズ（FC）オーナーを目指す人たちが「独立候補社員」として入社します。独立するまでの修行期間は2～5年です。この間、繁華街店、駅前店、ロードサイド店などさまざまな立地の店舗を10店ほど異動して経験を積みます。

そして、この期間に社是である「ニコニコ・キビキビ・ハキハキ」を徹底的に叩き込まれます。さらに、ミッションである「接客サービス」や「店舗近隣の清掃」などのホスピタリティ（おもてなしの心）にも磨きをかけていくのです。

もともとFCオーナーを目指すモチベーションの高い人たちが入社して、徹底的に教育訓練を受けるのです。さらに経営理念などにそった行動をとらないかぎり、いつまで経ってもオーナーにはなれません。そのうえ、独立してFCオーナーになるときには、本社が融資の保証をしてくれます。

このようなシステムのチェーンですから、会社の思い（同社の場合は社是とミッション）と社員行動が一致しており、好業績に結びついているのだと思われます。

2 事業目的（コンセプト）を明らかにする

経営戦略は、「市場・商品・流通チャネルの3つの要素でつくる」とドラッカーは言っています。つまり、「だれに（対象市場）」「何を（商品やサービス）」「どのように（営業方法や流通チャネル）」の「売り先」「売るモノ」「売り方」の組み合わせで決まります。この3つの要素を明らかにすることでコンセプトも決まってくるのです。

たとえば、家具や日用品で業績を伸ばしているニトリの経営理念（志）は「欧米並みの住まいの豊かさを、日本の、そして世界の人たちに提供する」です。それを実現するために次の機能を統合したのが「製造・物流・小売業」という仕組みです。

①メーカー機能／調査・資材調達：適正な品質・低価格の原材料を求めて、世界各地の市場を調査し、調達する

②メーカー機能／生産・品質管理：低価格・高機能の商品を、海外の工場で製造し、商品の80％を海外から調達する

③物流機能：効率的な商品配送とコスト削減のため、物流システム、ITシステムも自社で開発する

④販売機能／店舗：お客様に見やすく、わかりやすい商品提案。それをニトリの店舗の価値にする

①～④が同社の主要な生産的な業務をすべて表しています。ここには、ロマン（志）はありますが、精神論だけのあいまいさはありません。すべて各社員の仕事に置き換えることができます。だからこそ、目的と各自の仕事が結びつき、好業績を生み出しているのです。このように、逆風のなかでも好業績を維持している会社には、それなりの理由（仕組み）があるのです。

3 戦略目標（ビジョン）を定める

「こなすような仕事で人は成長できない。同じように現状維持を目指したときから降下がはじまる。登りついてしまえば、あとは下るだけ。それが自然の法則。もし、その場所にとどまろうとすると、上昇するよりも数倍のエネルギーが必要になる」というのがドラッカーの教えです。

戦略目標とは、目的を達成するためのマイルストーンです。3年後、5年後に到達したい地点を数値化したものです。人は目標があるから頑張れます。ゴールもレベルも示さずに、「とにかく頑張れ！」という経営者もいます。しかし、「何のために頑張るのか？」「どのくらい頑張ればよいのか？」「どのような方法で頑張ればよいのか？」をまったく示さずに、「精神論の頑張り」

だけを強要されたら、社員は、とりあえず、どのような対応をすると思いますか?

たとえば、私はこの原稿を、世間一般では長期休暇に入っている年末年始に書いています。テレビでは興味深い特別番組が放映されていますが、正月休み明けに原稿を仕上げる(脱稿する)という具体的な目標(納期・締め切り)があるからこそ、頑張れるのです。仮に「原稿は、できるだけ速く書き上げてください。でも、できる範囲で結構です」と編集者にやさしく(?)言われたら、おそらく、いつになっても書きあがらないでしょう。

日本を代表するアパレル業界の雄、ファーストリテイリング(ユニクロ)の柳井正社長は「すぐにでもナンバーワンになりたい」と言います。それは、「服を変え、常識を変え、世界を変えていく」という経営理念(志)を果たすためです。その経営理念は「本当に良い服、今までにない新しい価値を持つ服を創造し、世の中のあらゆる人々に、良い服を着る喜び、幸せ、満足を提供します」という形で仕事に落とし込んでいきます。

そのためにかかげているのが「2020年に世界一になる。売上高は5兆円」という目標です。きわめて高い戦略目標(あるべき姿)をかかげて、その戦略目標と現状(2012年8月期の売上げ9286億円)の差を埋めるための課題に取り組むのが同社の経営方法です。なぜ、こうするのか? もし、現状からの積み上げ方式を取れば、社員は現状の売上げの○○%アップという常識的な売上げ目標を設置し、それに合った発想や仕事しかしないでしょう。

ところが、8年で売上げを5倍以上にするには、現状からの発想はまったく通用しません。そうした発想のもとでこそ、人も、人の集合体である企業も成長の可能性が出てくるのです。

ビジョンの大切さはビジネスにかぎったことではありません。2012年の夏、ロンドン・オリンピックで、福原愛さん、石川佳純さん、平野早矢香さんの3選手の活躍で卓球界初のメダルを獲得した卓球女子団体でしたが、最大の功労者は村上恭和監督だったかもしれません。

というのも、北京オリンピックの後に、近藤欽司前監督から監督を引き継ぎ、まずやったことが「ロンドン・オリンピックで卓球界初のメダル獲得」を戦略目標にかかげたのです。全種目の監督も、目標とするメダルの色こそ違っても同じようなことを言っていましたが、彼はそれを達成するために次のような戦略ストーリーを考え、実行しました。
①オリンピックで確実にメダルを獲得するためには、決勝や準決勝まで現在の実力ではまったく歯が立たない中国と当たってはいけない、②そのためには、団体のランキングで2位になり決勝でしか中国と当たらないようにしなければならない、③団体でランキング2位になるためには、代表選手のランキングをあげるだけでなく、代表でない選手がライバル国の選手に勝つことを重視する、④代表選手を支えるスタッフを11名そろえ、チームとしてメダル獲得に取り組む、としたのです。
このように、メダル獲得のストーリーをつくり、確実に実践した成果がロンドン・オリンピックの女子団体銀メダルだったのです。

4 時間軸を決める

もう1つ、ビジョンを定めるうえで大切なのが「時間軸」です。「いつまでに到達するのか」という時間軸と、「現在」という時間軸の定義です。

ファーストリテイリングでは、「いつまでに・どのレベルに到達するか」が〝2020年までに5兆円〟となっています。ですからファーストリテイリングにおける「現在」は、2020年までとなります。

「現在」をいつまでにするかの重大さを認識する事例をドラッカーが示しています。それは、アメリカの航空機産業2社の「現在」の定義の違いで起こったことです。

1940年代後半、カーチス・ライト社はアメリカ第2位の航空機用エンジンメーカーとして売上げ・受注・財務内容ともに良好でした。一方のマーチン社は特長のない機体メーカーで借入金も多く将来性もない低迷企業でした。

ところが、マーチン社に就任した経営者が、航空機メーカーではなく宇宙開発関連メーカーとなることを決定し、「現在」という時間軸の定義を「8~10年」と定めて技術開発に取り組みました。それより短い期間では研究開発ができず、費用の回収も不可能と判断したからです。その結果、同社はそれほど多いとは言えない研究開発費で、宇宙開発機器メーカーとしてリーダー的な存在に成長しました。

これに対してカーチス社は、将来性などの分析を行なわず第二次世界大戦直後のビジネス・モデルを維持したまま、設計よりも生産に重点を置き続けたのです。そのような同社の「現在」の時間軸の定義は1〜2年でした。同社の研究開発への投資額は業界一だったのですが、「現在」の時間軸の定義にしたがい、2年以内に採算の取れないプロジェクトはすべてボツにしてしまいました。その結果、10年後には業績不振に陥ってしまったのです。

また、1920年頃のゼネラル・モーターズ（GM）は「現在」を5年と定義していました。1年は好調な年、3年はまあ良い年、1年は悪い年とみなして、5年間の平均予想操業率の80％の予想利益率を基準に設備投資などを決定していました。

もっとも、この時間軸は業界によって異なります。流行性の高い業界では次のシーズンが未来になるかもしれません。また、林業では植林から伐採までの期間の30年あるいは100年が「現在」になるかもしれません。

いずれにしても、「いつまでにどうなる。そのために何を・どの段階でどこまでもっていく。さらにそのために、今、何を・どうする」。これが、ドラッカーが提唱した「目標によるマネジメント（経営）」です。この「目標による経営」をドラッカーは「経営の哲学」とまで言っているのです。

5 イノベーションが経営理念を実現するカギとなる

ドラッカーは「時として、事業目的にもイノベーションが必要だ」と言っています。

製造業では「用途開発」という言葉を耳にすることがあります。「用途開発とは、現在持っている技術で、何か別の商品をつくれないか?」という意味です。用途開発できれば、それはりっぱなイノベーションになります。

技術だけでなく、商品そのものを他の用途に使うこともイノベーションです。たとえば、はじめてトランプをゲームとしてではなく、マジックの手品道具として使って利益を得たならば、それもりっぱなイノベーションです。そこには、発見はあっても発明はありません。

同じように、家電商品を、物理的な機器としてではなく「幸せになれる商品の使い方」として通信販売で売っているジャパネットたかたは、用途開発というイノベーションを起こしたことになります。同社は、差別化できない家電商品を「何とか売ろう」と考えるだけでは、売上高1千億円を超える企業にはなれなかったでしょう。

家電商品は「人を幸せにする道具なんだ」と心から信じていたからこそ、同業他社にはない「あの独特の商品説明」を開発(イノベーション)できたのでしょう。私には、高田社長のユニークなキャラクターだけで同社の成長があったとは考えられません。

このように、経営理念にもとづき、市場の細分化（セグメンテーション）と、その細分化したなかの特定市場で特長づけ（ポジショニング）をします。この決定にもとづいてマーケティングを展開します。そのマーケティングで顧客の「～で困った！」「もっと○○したい！」を知り、イノベーション（商品開発やサービス開発）をするのです。くり返し言いますが、イノベーションだけが独立して存在しているのではありません。イノベーションは顧客満足を獲得する手段であるマーケティングにもとづくことで意味あるものになってくるのです。

そのマーケティングの前提には、だれの・どのような満足を獲得するかの事業目的がありま す。その事業目的は経営理念を実現するものとして設定されるのです。だから、経営理念が大切なのです。

さて、ＰＡＲＴ１では、「イノベーションとは何か」について述べてきました。ＰＡＲＴ２では、イノベーションを起こすための実務に入っていきます。

PART
2

イノベーションを起こす方法

A WAY OF INNOVATION

第5章 イノベーションの進め方

1 イノベーションに取り組むときにやるべきこと

イノベーションはアイデアからはじまるものと考えている人が多いと思います。それはまちがいありません。ドラッカーも「イノベーションは、アイデアや気づきからスタートする」と言っています。もしかすると、アイデアだけでイノベーションが可能と考えている人がほとんどかもしれません。もし、そうであるならば、「天才的なひらめき」が必要になってきます。

アイデアの天才と言えば16世紀が生んだレオナルド・ダ・ヴィンチの右に出る人はいないでしょう。彼のアイデアノートには、潜水艦、ヘリコプター、溶鉱炉など画期的なものが多数あります。

しかし、当時の技術や道具では、どれ1つ実現できるものはありませんでした。また、社会的・経済的にも受け入れられることはありませんでした。おそらく、当時の人々にとってレオナルド・ダ・ヴィンチのアイデアは、現在の技術で太陽まで往復するのと同じレベルの不可能なアイデア（空想）だったに違いありません。

アイデアだけではない？

では、私たちが実際にイノベーションを起こすには、何を・どのように進めればいいのでしょうか？

（1）チャンスの分析からはじめる

まず、私たちに必要なのは、イノベーションを「仕事」と考えることです。「仕事」であれば、手順にそって行なえばいいからです。その仕事は、「分析」と「体系的」で勤勉な努力を要します。つまり、イノベーションも「分析」と「体系的で勤勉な努力」で起こすものなのです。

ここでは、「あったらいいな」でユニークなヒット商品を連発している小林製薬の新商品開発のプロセスを紹介しましょう。同社のそれが、ドラッカーが教える中堅・中小企業でも起こせるイノベーションの手順に近いからです。

同社は、「あったらいいな」という商品を開発し、わかりやすいネーミングで消費者の認知度を高める方法でヒット商品を出しています。その「あったらいいな」もまったくのオリジナル商品ではなく、既存の商品を創造的に模倣するものがほとんどです。たとえば『のどぬ～るスプレー』は、のどの炎症を抑える薬なのですが、薬がのどに付着しやすいようにノズルを長くしています。この「ノズルを長く」がヒットの理由です。薬自体は古くからあったものです。でも、それまでの薬では、直接、のどまで届きにくかっただけです。この「だけ」がイノベーションなのです。

こうしたアイデアは他の大企業のように大がかりな市場調査で出すものではありません。常に社員からアイデア（思いつき）を募集しています。そうしたアイデアが年間3600件におよぶと言います。そのなかの40％くらいのアイデアを、カテゴリー別に配置した商品別担当者、ブランドマネジャー、研究者、技術開発者の「四者会議」でそれぞれの専門的な視点から議論します（使えそうなアイデアが40％くらいというのは、相当に高いレベルですね）。

こうしてカテゴリー別に選別したアイデアを、社長も出席する「アイデア会議」でふるいにかけ、それぞれの市場性を徹底的に調査します。この段階で外部の市場調査会社を使います。しかも、調査会社にも、「小林ノーム」と呼ばれる基準で調査するように依頼し、調査結果も同社オリジナルの基準で分析しています。同社は、このような商品開発のプロセスを毎月、「仕事」としてくり返しているのです。

アイデアを出してくれる社員に対しても、「何がダメ」「何が不足していた」かの不採用になった理由を必ず本人にフィードバックしていると言います。それがアイデアの提出が減らない理由だとも言います。

また、新商品開発（イノベーション）は「仕事」ですから、目標も設定しています。同社のイノベーションの目標は、新商品の発売初年度の売上高に占める割合が10％、4年以内に開発した商品割合を売上高の35％と高く設定しています。ちなみに、同社の売上高（2012年3月期）は1300億円を超えています。

このように、イノベーションはアイデアからスタートするものですが、途中から勤勉を要する継続的な「仕事」に変わっていきます。

（2）関心を持って、よく見、よく聞き、質問すること

イノベーションとは、認識の働きであるとともに、知覚の働きでもあります。つまり、物事のとらえ方（認識）と気づき（知覚）なのです。同じ状況にありながら、ある人はそれをイノベーションのチャンスととらえますし、別の人は気づかずに見過ごしてしまうのです。

ですから、イノベーションを起こすためにやるべきことの2番目は、さまざまな出来事を、関心を持って、よく見、よく聞き、質問することです。先に分析の必要性を述べましたが、何を分析するかは、認識の仕方によって違ってきます。そうした意味では、イノベーションを起こすことは、企業経営と同じく科学（サイエンス）でもあり芸術（アート）でもあるのです。

したがって、イノベーションを起こすためには、数字も分析しますし、技術も分析します。消

費者行動も分析します。その前に、どのようなイノベーションを起こせば、どのようなチャンスを手に入れることができるかも必死に考えます。

つまり、イノベーションを起こすには「左脳（分析的要素）」も「右脳（感覚的要素）」もフル活用しなければならないのです。ちなみに、両脳利きはめったにいませんので、「イノベーションはチームプレーで起こすものだ」と考え、前ページの小林製薬のような形で取り組んだほうが賢明だと思います。

また、具体的なニーズを知るために顧客に目を向けます。顧客には「どのような困った状況」や「もっと○○したい」があるのかを知る努力をします。ちなみに、小林製薬の場合は、社員1人ひとりが市場の構成員であったり、市場の近くにいる人と想定しているようです。

しかし、それらのニーズを商品化したときに、ちゃんと世の中が受け入れてくれるかを確認しておく必要があります。たとえば、アメリカで学校教育用のコンピュータソフトを開発した人がいましたが、現場の教師たちは、自分の存在が侵されると受け入れを拒否したことがありました。こんな残念なことも現実の世界には起こりえるのです。

（3）簡単なものにする

複雑な操作を喜ぶのはマニアックな人たちだけです。普通の人は、簡単なものであればあるほど受け入れる人が多くなります。成功したイノベーションほど起こしてしまえば、あまりにも単純すぎてバカバカしいほどです。だから、普通の人にも使えるのです。

たとえば、任天堂のＷｉｉはコントローラーを振り回すだけで、スポーツなどのゲームができるようにしました。これだと老若男女や理解度などに関係なく、だれでも簡単に遊べます。これに対して、同じ頃発売されたソニーのプレイステーション3は、機能の充実や高度なゲームができるようになりましたが、その分、高価格になりましたし操作も複雑になりました。結果は、Ｗｉｉの圧勝でした。

このように、イノベーションは、ドラッカーが言うように、「これはわかりやすい。どうして自分が思いつかなかったのだろうと言ってもらえるのが、最高のイノベーション」なのです。

ところで、このフレーズは頻繁に出てきます。これは、前に書いたのを忘れて書いているのではありません。また、私がしつこい性格だから書いているのでもありません。「イノベーション＝技術開発」ではないということを理解してもらうために、徹底しているのです。

（4）小規模にはじめる

イノベーションの成功率は決して高いものではありません。そのうえ、最初から変更もなく成功するイノベーションもほとんどありません。しかも、最初は市場規模も小さいものです。ですから、小規模にスタートすれば、ヒト・モノ・カネ・時間も少なくてすみます。

それに、世界を変えようなどという大がかりなイノベーションを考えてはいけません。もっと限定的に考えることです。たとえば、電車は、交通を変えようとして開発されたものではなく、「車両を走らせながら電力を供給する」ということだけに集中して生み出されたイノベーションです。

また、その昔、「マッチ箱に同じ本数を詰める」というありきたりのアイデアに集中することで、ほぼ50年の間、世界のマッチ市場を独占したスウェーデンのマッチメーカーがありました。マッチ箱に同じ本数を詰めても世界は変わりませんが、企業の生産性は飛躍的に上がりました。

(5)トップに立つことをねらって行なう

イノベーションは、必ずしもビッグビジネスになることをねらって取り組む必要はありません。しかし、いかに小さな市場であろうとも、最初からトップになることをねらって取り組む必要があります。そうしないと、「本当の意味でのイノベーションになる可能性は少なくなる」とドラッカーは言っています。

たとえば、鉄のサビ止めのためのメッキは、工場などでメッキのプールにつけて行ないます。しかし、建設現場や機械製造の現場での溶接作業でせっかくのサビ止めしたメッキが剥がれてしまいます。そこに目をつけた会社があります。亜鉛《アエン》塗料をハケで塗るだけでサビ止めのメッキができるようにしたのです。このハケでサビ止めをするニッチ市場は、ローバルの独壇場です。市場規模は数十億にも満たない超ニッチ市場なのですが、本当の意味でのライバルはいません。市場シェアは100%です。亜鉛と溶剤（シンナーなど）の高度な調合技術が必要なうえに、その技術を開発しても市場規模が小さいため、開発の努力が報われないからです。

以上、述べてきたように、私たちが差別化のために取り組むイノベーションは、偶然に頼るものではありません。業界トップをねらうイノベーションから、製造プロセスや小さな市場の限定的な部分のイノベーションをねらうものまで、その対象はさまざまですが、与えられた条件のもとで、トップに立つことをねらって行なわなければなりません。

そうしないと、せっかくのイノベーションも改善程度で終わってしまい、すぐに他社にマネされ、価格競争に巻き込まれてしまいます。

2 イノベーションに取り組むときに、やってはいけないこと

前項では、イノベーションのために「やるべきこと」を紹介してきました。この項では、イノベーションを成功させるために「やってはいけないこと」を紹介します。このルールを無視すると、せっかくのイノベーションへの取り組み（コスト）が、たんなる浪費になってしまいます。

（1）利口になってはいけない

技術者の陥りやすいことですが、ある一定規模以上に商品やサービスを普及しようと思えば、

利口になろうとしてはいけません。結局のところ、最も数が多いのは普通の人です。その人たちに協力してもらえなければイノベーションを起こすことはできませんし、それによってできあがった商品やサービスも普通の人が買ってくれて、はじめて商品となります。なお、普通の人は、簡単であればあるほど、便利で良い商品だと考えます。

たとえば、本の業界で考えてみましょう。空前のブームを引き起こした『もしドラ』（岩崎夏海著、ダイヤモンド社）でも発行数は300万冊前後でしょう。単独の本では『ノルウェイの森』（村上春樹著、講談社）が1千万冊で最高だと言われています。

また、作家別にみると、赤川次郎さんが3億冊、西村京太郎さんが2億冊、司馬史観と言われるほどの司馬遼太郎さんでも2億冊です。1億冊を突破しているのは、この3人に森村誠一さん、内田康夫さんを加えた5人だけです。

ところがマンガでは、『ワンピース』（尾田栄一郎著、集英社）の2億8千万部を筆頭に、『ゴルゴ13』（さいとう・たかを著、リイド社）が2億冊、『ドラゴンボール』（鳥山明著、集英社）と『こちら葛飾区亀有公園前派出所』（秋本治著、集英社）が1億5千万冊など、シリーズで1億冊を超える作品が12本もあります。このなかには大人向けのマンガの『美味しんぼ』（原作：雁屋哲、作画：花咲アキラ、小学館）も含まれています。

これらの事例が示すとおり、わかりやすいものほど売れるのです。ドラッカーが「無能な人は掃《は》いて捨てるほどいるし、けっして供給が絶えることはない」と言っているように、その人たちが買ってくれるような商品でなければ量販はできません。ですから、利口すぎてはいけないとたしなめているのです。それにしても、「無能な人は掃いて捨てるほど……」とは、まったくもって失礼な表現ですね。今では許されないでしょう。

(2)多角化させてはいけない

「多角化してはいけない」とドラッカーは言います。事業活動の核(共通の技術・共通の市場)からはずれたイノベーションは拡散してしまうからです。そして「核(コア)がなければせっかくの活動もバラバラになってしまい、アイデアの段階にとどまってしまい、イノベーションを起こすまでにいたらない」と続けています。

「イノベーションはチームで起こす」と前述しましたが、共通の核(コア)がなければ、言語の共通理解ができず、共通の技術もないのでチームとして機能しないことになります。そうなると、イノベーションの仕事そのものが意味のないものになってしまいます。今日、多様性や異質性の必要性が取りざたされていますが、多様性や異質性だけではチームは組めません。チームには、共通する理念と核(コア)が必要になります。

(3)将来のイノベーションをねらってはいけない

イノベーションは、あくまでも「現在のイノベーション」をねらうべきです。「将来のイノベーション」をねらってはいけません。将来はどうなるかわからないからです。

したがって、イノベーションの対象分野は、「現在もニーズがある。しかし、将来はもっとニーズが出てくる」ものに限定しなければなりません。そうしなければ、前述したレオナルド・ダ・ヴィンチのアイデアノートと同じになってしまいます。

この点をよく理解していたのはエジソンだそうです。彼は「将来、電球が使えるだろう」と考えて、電球を開発したのではありません。アイデア自体は10年前から持っていました。でも、その段階では実用に必要な条件が整っていませんでした。彼が実際に開発に取りかかったのは電球が使える諸条件が整ってからだったのです。これが町の発明家（アイデアマン）と実業家の違いです。

（4）成功するための基本的な条件

最後になりますが、イノベーションを成功に導くための、当たり前ですが、忘れられがちな条件が2つあります。

1つは、イノベーションは仕事ですから、技術や市場に関するそれなりの専門知識が必要になります。ですから、優れたイノベーションは、その人が持つ特定分野に限定されることになります。たとえば、エジソンは電気の分野でしかイノベーションを起こせませんでした。同じように、ソフトバンクが医療の分野でイノベーションを起こせる可能性は皆無に近いでしょうし、ユニクロが自動車の分野でイノベーションを起こせるとは、現段階ではほとんど考えられません。

さらに、先に少し触れましたが、イノベーションもスポーツや音楽、その他の仕事と同じように、それにふさわしい能力や資質が必要になります。それを元に、「ある段階から先は、勤勉さと持続性と決意を要求する集中的な労働に変わる。明確な目的意識のもとに行なわれる重労働と化す」とドラッカーは言っています。順風満帆にいくイノベーション（仕事）などありませんから、よほどの決意がないかぎり、途中で投げ出してしまいます。

もう1つの基本的な条件ですが、イノベーションは経済や社会そのものに影響を与えるものでなければなりません。とくに企業の場合は、直接的な売上増や利益増でなくとも、それらに結びつく貢献がなければイノベーションとは言えないのです。

そうした意味で、「イノベーションは市場の近くにいて、市場に焦点を合わせ、市場の刺激を受けて行なわれるべきものである」とドラッカーは言っています。つまり、「イノベーションは、マーケティングにもとづいて行なわなければならない」というわけです。

3 イノベーションのタイプ

私たちは「凡事徹底」という言葉をよく耳にします。一字ずつ解読すると、凡：すべて、事：対象、徹：貫く、底：いたるであり、「中途半端はダメですよ」となります。つまり、基礎的なことをキッチリやる重要性を説いているのですね。そこで「なんでもないことでも手を抜かずに徹底的にしよう」ということで、「トイレ掃除」や「あいさつ」を例にあげ、凡事徹底の大切さを教えている経営者も多くいます。

ところが、教わる社員だけでなく、経営者自身も「決められたこと、決めたことをキッチリすると業績はあがる」と信じている人が多いようです。では、このような経営環境が激変している時代に、決められたことを決められたようにやる「ルーティンワーク」のような仕事だけで、本当に業績はあがるのでしょうか？　私には、とてもそのようなことは信じられません。

「トイレ掃除」や「あいさつ」は、人間としての基本プレー(凡事)かもしれませんが、経営の基本プレーは別のところにあります。つまり、「何を買うか」「いつ買うか」「どこで買うか」「どのくらい買うか」「いくらで買うか」のすべての決定権を持っている「顧客ニーズ」に応えることが、経営の基本事項、つまり、「凡事」なのです。

そのために、顧客ニーズを知る活動であるマーケティング志向であることと、そのマーケティング志向にもとづくイノベーション志向であることが、経営における「凡事徹底」でなければなりません。

そうした意味で、私が考える最良の「凡事徹底」とは、ドラッカーの教えを忠実に実行することです。あくまでも市場志向・顧客志向であり続けることこそが、「凡事徹底」と言えるのです。ちなみに、市場志向・顧客志向になるための気づきの手段、トレーニング手段の1つとして、「トイレ掃除」や「あいさつ」なども有効なのでしょう。

顧客ニーズや競争環境は変化し続けますので、凡事徹底の「凡事」も経営環境の変化に応じて変わらなければなりません。そのために、①顧客の困った状況を知る、②顧客のもっと○○したいを知る、③競争相手の動きを知ること（以上がマーケティングの主な内容）が必要になり、その結果として、①新商品を開発したり、②新市場の開拓に取り組んだり、③業務プロセスを革新したりする（以上がイノベーションの内容）のが企業活動です。こうしたことをくり返し徹底して行なうのが、私の考える「凡事徹底」です。

それでは、イノベーションの実務に入っていくことにしましょう。まず、イノベーションには、①商品開発や市場開拓など商品やサービスに関するもの、②インターネットの活用など商品やサービスを市場まで到達させることに関すること、③業務の簡素化や製造方法の変更など社内業務に関すること、があります。しかし、本書では、「利益を伴う売上げをあげる」という視点から、①の商品やサービスに関するイノベーションについてのみ紹介することにします。

（1）現在の事業に付加するタイプ

現在の事業に既存の何かを加えることで、新しいイノベーションのチャンスが生まれます。このチャンスを「付加的なチャンス」と言います。既存の経営資源（ヒト・モノ・カネ・ノウハウ）

を、既存の事業でさらに活用するためのチャンスです。ですから、事業の性格まで変えてしまうようなイノベーションではありません。

たとえば、印刷業者をメインの顧客にしていた製紙メーカーが事務機のコピー用紙に進出するようなものです。商品や販売方法、流通チャネルが大幅に変わることになったとしても、付加的なチャンスへの取り組みにすぎません。それは既存事業の枠組みを超えていないからです。

この付加的なチャンスへの取り組みに対してドラッカーは、「高度の優先順位を与えてはいけない」と言っています。それは、「この取り組みから得られる利益は限定されているから」だそうです。したがって、リスクも小さいものでなければなりません。

たとえば、東レがユニクロ（ファーストリテイリング）と直接組んで、ヒートテックなどの素材を開発したのは、繊維業界としては画期的なこと（イノベーション）でした。これによって、東レはファーストリテイリングから、2012年からの5年間で4千億円の売上げを見込んでいます。

しかし、依然として「衣類のための素材」という業界にとどまっており、「繊維業界の東レ」であることに変わりありません。

（2）現在の事業と他の事業をミックスするタイプ

「付加的なチャンス」に対して、この「現在の事業と他の事業をミックスするタイプのチャンス」は、事業の性格を変えてしまいます。たとえば、製紙メーカーがプラスチックの加工業者を買収してプラスチック分野に進出するような場合です。プラスチックは紙ではありませんので、製紙メーカーとは言えなくなってしまいます。

ですから、新しい事業目的を考える必要があります。もっとも、事業目的の変更によってプラスチックの加工業者を買収するという選択肢が出てくるわけですから、順番的には事業目的の変更が先にくるはずです。ただし、事業目的を変えるということは、新しい種類の強み（コア・コンピタンス）を獲得しなければなりません。それは新しい世界に踏み出すことも意味します。そうした変化への覚悟が必要になるのです。

東レがファーストリテイリングと戦略的に提携しても、衣類の繊維企業という事業の性格は変わりませんでした。

ところが、同じ東レが炭素繊維を商品化したことで、衣料とは関係ない航空機メーカーであるボーイング社に航空機の部品として炭素繊維の商品を提供するようになると、事業の性格は衣類の繊維とは違ったものになってきます。また、これから炭素繊維の最も重要な提供先となるであろう自動車業界に提供するようになっても衣料の川上産業とは言えないでしょう。

つまり、事業の性格（領域）が変わったのです。

（3）まったく新しい事業に飛躍するタイプ

付加したり、ミックスしたりしても、まだ会社としては原型をとどめています。しかし、この新しい事業に飛躍する「革新的なチャンス」に取り組むことは、会社の原型をも変えてしまいます。

たとえば、ゼロックスの前身であるハロルド社は、印画紙や関連機器を製造する会社でした。そこにコピー機を開発した会社が特許を売り込みに来ました。その会社は他の印刷機械メーカーにも売り込みに行ったのですが、声をかけたすべての企業に「市場性はない」と断られました。しかし、ハロルド社だけはその特許を買い取り、コピー機にかけることにしたのです。実用化にいたるまでの間、多額の借入れをして研究開発に取り組みました。

そして、その特許によって開発した機械は、それまでの事業とはまったく別の事業になりました。しかし、事務の効率化に革命を起こしたのでした。

これが革命的なイノベーションのチャンスです。当然のことながら、大きなリスクを負うことになりますので、成功したときには、極めて大きな利益が得られるものでなければなりません。

この応用編とでも言うべき製造業からサービス業に転換した事例が身近にあります。

製造業の修理部門から分離独立した京西テクノスは、電子部品の基板実装が主力業務のメーカーの一修理部門でした。取引先からの厳しい値引き要求で24時間操業しないと採算が合わない状況でした。そんなある日、24時間操業の製造ラインが故障でストップしたのです。急きょメーカーに修理を依頼したのですが、技術者派遣料10万円、部品代金10万円というような見積書が届きました。

それを見て、「自分たちは、何銭単位の積み上げで血の出るような努力をしているのに、サービス業は違う」と思ったのです。そこで社内に目を向けると、基板実装や出荷前の検査する部門は修理もできます。「これを新しい事業にできないか？」と考え、経営陣に提案したのですが相手にしてもらえませんでした。

その理由は、「修理はメーカーが行なうもの。下請けならばいざ知らず、複数のメーカーの修理業務などできるわけがない」という「ごもっともな意見」でした。しかし、何とか経営陣に頼み込んでスタートしました。その背景には、「修理は予測不可能な仕事なので人員の適正配置が難しい。ますます厳しくなる経営環境下では、修理のアウトソーシングも増えるはず」との考え（分析）がありました。こうした状況は、ドラッカーの言う「すでに起こった未来」だったのです。

言いだしっぺの臼井さんが社長になり、前職の計測器業界に的を絞り営業をかけたことから、大手企業から受注をもらえるようになりました。「修理専門」といううわさが広がり、他の業界からも受注が入るようになりました。その後、さらにうわさが広がり、アメリカの医療機械メーカーや航空機メーカーなどからも受注しています。

この「修理専門」は、競合もないニッチ市場でもありました。というのも、同社の技術というか、技能（現場社員のノウハウ）のレベルが高く、たとえば、設計図が残っていない機器でも修理できるので他社が追随できないのです。

このように、まったく新しい事業（製造業からサービス業）に飛躍したおかげで、会社設立から10年で売上高は33億円（2011年9月期）に達しています。

現在は、他社を退職した優秀な人を雇い入れ、対応できる業種を増やすことで、さらに修理専門会社の能力アップに取り組んでいるそうです。

4 4つのリスク

リスクをゼロにすることはできません。事業自体が、業種によって準備から受注までの時間の程度の差はありますが、「将来」の受注を見越して「今」そのための準備をするという性格を持っているからです。だからと言って、何も考えずにリスクを背負い込むというのは健全な経営とは言えません。

避けることができないリスクであれば、しっかりと向き合うことです。そのとき、リスクの大小だけで判断するのではなく、「リスクの性格」によって判断する必要があります。基本的に、リスクには4つの性格（種類）があります。それは、①事業に付随する固有の負わなければならないリスク、②負えるリスク、③負ってはいけないリスク、④リスクを負おうとしないために発生するリスク、です。

この種類に応じた対応をすることが、最もリスクを軽減することなのです。

（1）事業に付随する固有の負わなければならないリスク

すべての業界には、その業界固有のリスクがあります。人間や機械はパーフェクトな存在ではありませんから、必ずミスを犯します。また、「完全に知りえる」ということもありえませんので、未知なるがゆえのミス（失敗）もあります。

余談になりますが、福島原発の事故の一因には、「原子力発電は絶対安全」という誤った認識がありました。もし、「絶対安全はありえない。だから、起こりうるすべてのことを想定して、安全対策を講ずる」としていれば、あのようなひどい「人災」は起こらなかったでしょう。

アインシュタインの「相対性理論」にもあるとおり、「絶対」ということは、とくにビジネスの世界ではありえないのです。もっとも、「絶対ない」と言い切れないのが「相対性理論」ですから、ここでは「かぎりなくありえない」と表現しておきましょう。

さて、天気予報には「外れるというミス」があるように、製薬会社の新薬には「薬害という殺人のリスク」があります。また、病院には「執刀ミスなどの医療ミス」の、運送業には「交通事故」の、食品業界には「食中毒」といった固有のリスクがあります。さらに、ガソリンスタンドでも「ガソリンと軽油をまちがえて給油するという混油のリスク」があります。どんなに注意しても、100万回に1回はその混油ミスが発生するそうです。

こうしたリスクをゼロにするためには、その事業（商売）をやめるという選択肢しかありません。つまり、事業に付随するリスクは、その事業を続けるかぎり、「負うべきリスク」なのです。

何にでも失敗はあります。問題は「失敗したときにどうなるか？」ということです。それは「損失は発生するけれど、会社の存続を揺るがすほどのリスクかどうか？」が判断基準になります。

（2）負えるリスク

創業する企業には、この選択肢はほとんどありません。事業の立ち上げに失敗すると、ほとんどの場合、借金まみれになってしまいます。とくに起業家に関しては、「余力を残して撤退」ということはほとんど聞きません。常に、負えるリスクの範囲を超えて起業します。そして、成功したあかつきには、成功という「名誉」と、その対価としての「お金」と「自己実現」を手に入れるのです。

しかし、既存事業においては、「失敗したらそれで会社は終わる」というようなチャンスを追求してはいけません。事業は「冒険（アドベンチャー）」ではないからです。だからこそ、業績が傾いてから次の事業の準備を進めるのではなく、業績が好調で余裕があるときにこそ、次の事業の準備を進めるのが優れた経営だと言えます。このことをドラッカーは「目標を達成したときは、お祝いをするときでなく、次の準備に入るとき」と表現しています。

(3)負ってはいけないリスク

「負ってはいけないリスク」とは、「負えるリスク」の逆のリスクです。つまり、「バクチ的な経営はするな」ということです。勝負勘の強い人でも、勝ち続けることは難しいものです。まして、年齢とともに訪れる気力・体力の衰えは避けることができません。気力・体力に立脚した「勝負勘」なので、いつかは勘が外れるときがきます。その前に経営をやめる確信があれば話は別ですが、それがなければバクチ的な意思決定はお奨めできません。もっとも、その判断ができなくなるのが「老害」という症状の1つなので、「自分は普通の人」という認識があれば、「経験と勘一辺倒の経営」から「分析と計画の経営」を取り入れたほうがいいでしょう。

話を戻しましょう。「負ってはいけないリスク」には、もう1つあります。それは「成功を利用することができないリスク」です。新しい事業が失敗すれば、それまでに要した資金だけですみます。しかし、成功すると、製造や市場開拓・顧客開拓にかかわる資金、商品の改善やラインナップの充実などの費用、事業規模拡大に対応するための人員増などの追加資金が必要になってきます。その資金調達のメドが立たないのであれば、それは「負ってはいけないリスク」です。また、商品はできてもその先のノウハウや市場自体がないために、せっかくの成功が利用できないケースも出てきます。

ですから、新規事業に取り組む場合、①成功を利用できるか？ ②事業を成長させるために必要な資金を調達できるか？　③必要となる技術やマーケティングのノウハウはあるか？　を自問自答しなければなりません。そうしなければ、せっかくの取り組みも、他社のビジネス・チャンスを開拓するだけに終わってしまいます。

（４）リスクを負おうとしないために発生するリスク

経営環境が激しく変化するなかでは、「変化を受け入れようとしないことが最大のリスク」になります。つまり、「改めて創業するくらいの決意」がなければ生き残れないのです。

たとえば、富士フイルムは、ライバルのコダックがデジタルカメラを開発したとき、いち早くデジカメの製造開発に取り組みました。それはデジカメの普及を促進し、自社の主力商品である銀塩フィルムの市場縮小を早めることを意味していました。

富士フイルムにとって銀塩フィルム市場がなくなることは、「トヨタ自動車で車が売れなくなる」「ユニクロで衣類が売れなくなる」「武田薬品で薬が売れなくなる」ほどの衝撃だったことでしょう。

しかし、同社は、「ウチ（自社）がやらなくても他社がやってくるだろう。だから、体力がなくなる前に取り組もう」と考えたのでした。同社にとって、消滅していく銀塩フィルムにとどまることは、リスクを負おうとしないために発生するきわめて高いリスクだったのです。

事業転換のリスクを負った同社ですが、２０１２年現在、総売上高にしめる銀塩フィルムの割合は1%しかないそうです。もし、事業転換のリスクを負っていなかったら、同社もコダック社と同じように破綻していたのはまちがいありません。

もう1つ、興味深い話があります。それはGoogle（以下、グーグル）創業者の「許可をもらうより、謝るほうが楽だ」という発言です。これは「法律や道徳に反したことでもやる」ということではありません。「社会にとって良いことで前例がないならば、まず、やってみよう」という意味です。

もし、前例がないことを官庁に相談すると、既存の法律や慣習に照らして判断します。当然ながら前例がないから答えは「NO」です。ですから、前例のないことで許可をもらおうとすると、ムダなエネルギーを費やすだけ（徒労）になるのです。

ドラッカーは、「法律や規則は、その都度、すでに判断する必要をなくすための手段にすぎない。これは既存のものを処理するためのものであって、新しいことの判断基準することはできない」と言っています。ところが、判断の責任を取りたくない役人や管理者は、この「既存のルール」や「手続き」を新しいことの判断基準に用いるのです。

また、事業を通じて社会に貢献するための組織であるはずの、しかも大きな影響を与える大企業の多くは、近視眼的な批判や紛争を避けることを優先して、新しいことにチャレンジしようとしません。とくに4年くらいで入れ替わるサラリーマン社長は、任期の数年を無難に過ごそうとして、変革を嫌うのです。こうしたサラリーマン社長が2人も続けば、環境変化が速い今日では、会社は傾いてしまいます。

こうした理由で、今日では、この4つのリスクのうち、「リスクを負おうとしないために発生するリスク」が最も大きなリスクになっているのです。

(5)チャンスとリスクの関係

「選択したチャンスが正しいかどうか」を事前に知る方法はありません。それは「神のみぞ知る」ことです。しかし、「正しいチャンスを選択するための必要条件はある」とドラッカーは言っています。それは次にあげる4つです。イノベーションに取り組むときには、この4つに留意することです。

①リスクを小さくすることにではなく、チャンスを大きくすることに焦点を合わせる
②大きなチャンスは個別に検討するのではなく、いっぺんに、体系的にそれぞれの特性を中心に分析・検討する
③事業に合致するチャンスとリスクを選択する。場合によっては、事業目的のほうを変更することも検討する
④現在の事業に必要な改善などの短期的なチャンスと、事業の性格を変えてしまうような長期的で難しいチャンスとのバランスをとる

企業活動には、3つのイノベーションのチャンスがあり、4つのリスクがあります。チャンスとリスクを別々に評価するのではなく、「チャンス（得るもの）の大きさ」と「リスク（失うもの）の大きさ」の関係で判断しなければなりません。それは、チャンスだけが独立して存在しているわけでも、リスクだけが独立して存在しているわけではないからです。

第6章

イノベーションを起こすための戦略

1 イノベーションの4つの戦略タイプ

イノベーションはアイデアや気づきからはじまります。しかし、途中から集中力と努力と忍耐力を要する継続的な「仕事」に変わります。「仕事」であれば、成り行きではなく、一定の方針にしたがって行なわなければなりません。そのために必要になるのが「戦略」です。

ドラッカーは、「イノベーションを起こす企業家的な戦略には4つのタイプがある」と言っています。それが、①総力をあげて先制攻撃するタイプ、②弱点や手薄なところを攻撃する（ゲリラ）タイプ、③高収益の限定的な市場をねらう（ニッチ）タイプ、④商品や市場の意味を変え経済価値を創造するタイプ、です。

それぞれメリットもあれば、デメリットもあります。自社の状況と照らし合わせながら戦略を選ぶことです。なお、ドラッカーは4つのタイプをさらに10に細分化していますが、「明確な区分けはできない」とも言っています。また、「単独で用いるものではなく、2つ、状況によってはそれ以上を組み合わせて使うとよい」とも言っています。

なお、「企業家的な戦略」の「企業家」はドラッカーの原著では「ENTREPRENEURSHIP」と表記されており、辞書では「企業家精神」となっています。

これを意訳すれば、「新しいことにリスクをとって果敢に挑戦する考え方および姿勢」が妥当だと思います。

2 総力をあげて先制攻撃する

ドラッカーによれば、「総力をあげて先制攻撃する」とは、アメリカの南北戦争のときに、南軍の騎兵将軍が連戦連勝の秘密を説明したときの言葉だそうです。そしてそれは、「イノベーション戦略の1つにもあてはまる」というのです。

◆先制総力戦略

総力で攻撃することは、動員できるすべての経営資源を投入するということです。この戦略は新しい技術が開発されたときに、他社に先駆けていち早く市場のトップに躍り出よう、あるいは、独占的な地位を築こうとするものです。

たとえば、スイスのF・ホフマン・ラ・ロッシュ社は今でこそ世界的な製薬・ヘルスケアの会社ですが、発見されたビタミンの特許を取得した1920年頃は、中堅か中小企業にすぎませんでした。他の会社は発見されたビタミンには目もくれなかったのですが、ラロッシュだけは、手持ちの資金をつぎ込んだだけではなく、借りられるだけの金をかき集め、ビタミンにすべてをかけました。そして、世界のビタミン剤市場を独占しました。

同じように、同社は、1930年代に、当時の科学者たちが伝染病には効果がないと言っていたときに、サルファ剤にありったけの経営資源をつぎ込みました。そして、ビタミン剤と同じように、市場を独占しました。

さらに、1950年代には、同じようにして筋組織弛緩用のトランキライザーを手がけました。このような、総力戦略を波状的にくり返すことで、同社は世界有数の製薬会社に成長したのです。

しかし、総力戦略は、このような大がかりなことだけに用いられるものではありません。ワードプロセッサーに使われている技術は、発明を要するものでありませんでした。タイプライター、ディスプレイ、コンピュータという既存の技術（商品）を組み合わせて、新しい商品をつくり出したものです。開発者のアン・ワング博士は、この商品を思いつき1人で開発に取り組みました。それでも彼は、オフィスの仕事を変えることをめざして持てるものをすべて投入して開発をスタートしたのです。

彼が新商品のために設立したワング・ラボラトリーズ社は大企業に成長しました（ちなみに現在は、後継者たちの経営の失敗で、同社は買収されてしまいました）。

今をときめくアップルも、スティーブ・ジョブズらが、ガレージでアップル・コンピュータを開発しはじめたとき、当時の主流だったメインフレームのコンピュータをつくろうとしたのではありませんでした。彼らははじめから「パソコン市場」という新しい産業を立ち上げ、そのトップに立とうと考えていたのです。そのためになけなしの資金をすべて投入したのでした。

このように、先制総力戦略は、市場のトップあるいは支配をめざすものです。しかし、持てる資源をすべて投入するため、得られる成果は莫大なもの（世界的な企業）になりますが、リスクもまた最大のものになります。

すべてを投入するため、失敗すると立ち直ることはできません。それから商品は改良程度のものではなく、まったく新しいものである必要があります。

したがって、「創業まもない企業以外の既存企業では、この先制総力戦略は避けたほうがよい」とドラッカーは言っています。

3 弱点や手薄なところを攻撃する

これも、「南北戦争のときの南軍の常勝将軍の言葉である『手薄のところを攻撃せよ』で要約することができる」とドラッカーは言っています。つまり、ドラッカーは「ゲリラ戦略」をすすめているのです。

世界最強のアメリカ軍に対して北ベトナム軍がとった戦略、アメリカ軍と並ぶ兵器や物資が圧倒的に有利なソ連軍に対して屈しなかったアフガニスタン軍、もっとさかのぼれば、強大な中国に対して脅威となり続けた北方民族、アメリカ独立戦争当時のイギリス軍に対するアメリカ軍など、基本はすべてゲリラ戦略で戦いました。日本でも織田信長が今川義元に挑んだ「桶狭間の戦い」もそうでした。

小が大に勝つ基本は、弱点や手薄なところを攻撃するゲリラ戦略（一点突破・全面展開）が効果的なのです。この戦略は2つのタイプにわけることができます。

（1）創造的模倣戦略

「創造的」とはオリジナルのことです。「模倣《もほう》」とはオリジナルではないということです。それでも、「ハーバード・ビジネススクールの教授、セオドア・レビットがつくり出した『創造的模倣』はピッタリとした言葉だ。その本質において、模倣である戦略をうまく表している」とドラッカーは言っています。

余談ですが、セオドア・レビットは「他社がかじったリンゴをねらえ」とアドバイスしています。しかも、ひと口がいいそうです。それ以上になると、参入者が多くなり、「うまみ」がなくなるからです。

この創造的模倣戦略は、他社がすでに行なったことをひと工夫して、もっと上手に行なうものです。つまり、技術志向の企業が新商品を出します。市場に出されてすぐの商品やサービスには、使い勝手が悪いところがあったり、機能に不足するところがあったり、消費者から見たデザイン性が不十分だったりします。

その商品やサービスを消費者の視点から改善・改良して展開するのが、この「創造的模倣戦略」の特長です。いわば、先行する商品やサービスの「弱点を攻略する戦略」なのです。

だからと言って、真正面から先行する商品やサービスの市場に挑戦しようとするものではありません。それらの商品やサービスで満足している人たちを奪おうとするのではなく、それらの商品やサービスに満足していない人たちを対象としています。

たとえば、コンピュータ業界の巨人、IBMです。1930年代のはじめにコロンビア大学の天文学者のための高速計算機を開発しました。1930年代の中頃にはコンピュータの原型となる計算機を開発しました。そして、1945年にコンピュータを開発したのですが、すぐに独自の開発をやめてしまいました。それは、ライバルだったペンシルバニア大学が開発したコンピュータ（ＥＮＩＡＣ）のほうが、給与計算などに適していることがわかったからです。

ＩＢＭは、ＥＮＩＡＣを企業向けの計算機に設計し直し、たんなる計算機だったものを、アフターサービスという機能を付加して使用者目線の商品に変え、企業用のメインフレーム・コンピュータというディファクトスタンダード（事実上の標準機器）にして市場を席巻したのでした。

ＩＢＭの創造的模倣戦略は、これだけではありません。アップルが１９７０年代の中頃に、パソコンを普及させました。「記憶装置のないパソコンなどおもちゃ以下だ」として、他の大手コンピュータ企業は見向きもしませんでした。しかし、当時、すでにコンピュータ業界の巨人であったＩＢＭだけは違っていました。社内に2つのプロジェクトを発足し、競わせるように開発させたのです。

こうして、その取り組みから2年も経たずに、先行するアップルから市場シェアのトップの座を奪ったのでした。それは、アップルがマニアのためのパソコンであったのに対して、普通の人たちでも使えるように、ソフトウエアを開発し、専門店だけでなく家電店や量販店でも取り扱うなど、完全な消費者志向で販売したからです。

この創造的模倣は、歴史的に見ても日本人向きの戦略です。日本人は大陸からの文化や文明を取り入れ、しかも、見事なまでに日本化しています。古くは「仮名《かな》文字」です。漢字を変形して島国である日本特有の感性を表現できるようにしたものが仮名だと言えるでしょう。

それから、明治維新もそうです。明治時代は、驚異的な経済成長を成し遂げた時代でもありますが、技術的には、独自に開発したものはほとんどありません。鉄道、郵便、銀行、製鉄所、製糸所など、すべて欧米から輸入したものです。同じようにインドも中国なども欧米から輸入したのですが、経済発展に結びつけることができなかったのは、創造的に（ひと工夫して）取り入れなかったからです。

第二次世界大戦後の政治・経済・文化なども明治の欧米を創造的に模倣して発展を遂げたのと同じパターンでの成長でした。おそらく、1950年代後半から本書のベースになっている「ドラッカー」を、世界で最も創造的に模倣したのは日本人だと思います。

たとえば、今、燃料表示問題で苦境に立っている現代自動車は、「カムリ」や「アコード」といった特定の日本車に焦点を絞り、顧客の不満や、顧客からの意見を徹底的に分析し、新車を開発していました。その典型的な車がアメリカで日本車キラーと呼ばれる「ソナタ」です。同社は、このようにして世界トップクラスの自動車メーカーに成長しました。

また、同じ韓国企業のサムスン電子は、東京に「ソニー研究所をつくった」と噂されるくらい徹底的にソニーを研究して成長してきました。その結果、企業規模や特定分野でソニーを追い越し、世界一流のメーカーになったのです。同社は今日にいたるも、マーケティングに強い会社として世界的に有名です。

この創造的模倣戦略のリスクは、模倣する対象をまちがうことです。もし、まちがったものを模倣すれば、コストの浪費になってしまいます。

（2）柔道戦略

柔道戦略を一言で言うと、「他社の力を利用する」ということです。日本通のドラッカーならではのネーミングだと思います。

創造的模倣戦略との違いは、創造的模倣戦略が、「対象となる他社の商品やサービスをひと工夫してマネする」ということに対して、柔道戦略は、他社の力を利用して、「新しい事業を立ち上げる」「他社の技術を活用して別の新しい商品をつくる」というものです。

柔道戦略を象徴するような事例が2つあります。1つは電気の大口割引を利用した新事業です。電力会社と大口契約を結べば、電気料金が割安になります。たとえば、マンションに入居すると、入居者は個別に電力会社と電気の使用契約を結びます。個人契約は小口の使用量になりますので、大口の使用量と比べると割高になります。しかし、マンション全体で電力会社と一括契約（大口契約）してマンション内で分電すれば料金は安くなります。こうしたやり方で新たに事業を立ち上げている企業があります。まさしく電力会社の力（制度）を利用したビジネスですから、相手の力を利用して投げ飛ばす柔道と同じです。

もう1つはソニーのトランジスタラジオの事例です。1947年にアメリカのベル研究所（AT&T社とウエスタン・エレクトリック社の共同出資で設立された会社）がトランジスタを開発しました。このテレビやラジオに使われる部品は、すぐに当時の主力部品だった真空管に取って代わるだろうと言われていました。しかし、当時の一流のラジオメーカーの地位を独占していたアメリカの企業は、「トランジスタが普及するのは1970年代だろう」という自分たちの思い込みで、真空管を使い続けたのです。

そこに、当時はまだ、無名に近い中小企業にすぎなかったソニーは、トランジスタのライセンスを25000ドルという超破格の安値で買い取ったのです。そうして開発したポータブル・トランジスタ・ラジオは、真空管ラジオの5分の1の重さで、価格も3分の1以下という画期的な商品でした。当然のことながら、3年後にはアメリカの低価格ラジオ市場のトップに立ち、5年後には世界のラジオ市場のトップに立ちました。

この「他社の力を利用して成長するという柔道戦略」で、日本企業は、テレビ・電卓・バイク・コピー機・ファックスなどの分野でも、アメリカ市場を、そして世界市場でのシェアを獲得していったのです。

それでは、なぜ、このような戦略がくり返し通用するのでしょうか。それは、大きな市場のトップ企業は、既存の大きな市場シェアを維持しようとするために、計画的に動ける行動（意思決定）をとりがちになるからです。つまり、マンモスタンカーとモーターボートとの違いでも明らかなように、変化への対応ができないのです。マンモスタンカーは、Uターンするのに数キロメートルを要しますが、モーターボートはその場で反転できます。大企業もマンモスタンカーと同じように、既存路線からの転換がむずかしいのです。

また、大企業は既存の大口ユーザーの意向を優先します。通常、発生したばかりの新しい市場の売上は小さく、そこに頼るわけにはいきません。とくに、既存の大口ユーザーの利益に反するようなものには、大口ユーザーに遠慮して、すぐに取り組むことができません。ですから、新しいものへの対応が、どうしても遅れてしまうのです。

たとえば、イノベーション関連の名著と言われている『イノベーションのジレンマ』（クレイトン・クリステンセン著、翔泳社）には、「既存のトップ企業は、持続的な技術の変更には対応できても、それより単純な破壊（革新）的な技術には対応できず、必ずつまずいている」という意味の記述があります。

市場シェアトップの企業が犯しがちなまちがいがあります。それは、①高額で高い利益率をもたらす高付加価値の商品の開発にこだわる、②そのために多機能にしたがる、③自社開発したもの以外は受け入れない技術者志向が強い、④品質を顧客ニーズからではなく、開発努力や製造技術からとらえる、⑤その対象となる市場のなかで、うまみのある部分だけをとろうとする、などの悪習です。

新規参入企業がそこに目をつけ、トップ企業が軽視（または無視）している市場や顧客ニーズの部分に入っていけば、トップ企業が認識している強みを弱みに変えることができます。たとえば、真空管のトップ技術を持つアメリカの一流家電メーカーたちに対して、トランジスタで挑んだソニーが好例です。

このような理由から、ドラッカーは「市場の支配をねらう戦略のうち、柔道戦略がずば抜けてリスクが小さく、成功する確率が最も大きい」と言っています。

4 高収益の限定的な市場をねらう

前項で、トップ企業の悪習の1つとして、「⑤その対象となる市場のなかで、うまみのある部分だけをとろうとする」というものがありました。これと、この項の見出しである「高収益の限定的な市場をねらう」は、明らかに矛盾しています。

しかし、これは矛盾ではないのです。大きな市場でトップをねらう大企業がやれば悪習でも、中堅・中小企業が限定的なニッチ市場として「高収益の限定的な市場」をねらうのは、正解中の正解なのです。

なぜでしょうか?

まず、限定的ということで、大企業の参入が制限されます。それに、限定的ということはかぎられたということですから、「一般的ではない」という意味も含まれ、「特別な」ということにもなります。「どうしてもほしい」ということにもなります。

そうしたニーズには、だれでも対応できるわけではありません。こうした市場に対応するには、狭い範囲なのですが、特別な技術やノウハウを要するのです。したがって、一般的な商品よりも顧客が価格に敏感ではないケースが多くなります。

たとえば、高級自動車で「走り」に特化したフェラーリは、とても付加価値が高い数千万円のスポーツカーを生産しています。しかし、年間の生産台数は1万台にも届きません。これが数万台の規模になると、年間の販売台数180万台のBMWにも魅力的な市場になってきます。しかし、数千台では、BMWがこれから商品開発やブランディングの努力をしても、十分な収益（リターン）が望めません。逆に、十分なリターンが望めるまでに生産台数を増やすと、限定車としてのブランドが確立できません。

これが、大手企業には魅力がない市場をねらう、「ニッチ戦略」なのです。このニッチ戦略には3つのタイプがあります。

（1）ニッチとは

「ニッチ」は、一般的に「すき間」と訳されています。そのためニッチ市場は、中小企業や零細企業しか対応できないものと誤解されています。しかし、ドラッカーは、ニッチを「生態学的地位」という意味で使っています。

ウィキペディアによりますと、生態学的地位（ニッチ）とは、「生物学で使われる用語で、1つの種が利用する、あるまとまった範囲の環境要因」のことです。

もう少し詳しく説明します。地球上にはさまざまな場所に、さまざまな生物が生息できる環境があります。たとえば、アフリカの草原には、ヌーやシマウマ、ゾウ、キリンなどが同じニッチ（生態的地位：生存圏）で暮らしています。

しかし、もっと詳しく見ると、さらに細分化できます。たとえば、食べる植物の種類（草を食べるか、潅木を食べるか）、種類が同じでも食べ方の違い（葉先を食べるか、根本を食べるか）、採食時間の違い（昼食べるか、夜食べるか）、などです。

このように、動物（動物にかぎらず生き残る生物全般に共通している）は、同じ場所で、同じものを食べているように見えても、種類が違えば、何かしら違ったやり方で、互いの活動が完全に重ならないように棲み分けをしています。これが生きる知恵なのでしょう。

これは、私たちのビジネスにも応用できます。たとえば、同じ経営コンサルタントをしていても、大企業向けにポーターの競争戦略をベースにしたり、零細企業向けにランチェスター戦略をベースにしたりして生存領域（ニッチ）を限定しています。

あるいは、私のように、一般的には大企業のものとされるドラッカーを、中小企業に適用して生存領域を確保している人もいます。もっとも、これは奇をてらっているわけではありません。ドラッカーは大企業向けと誤解されてきただけであって、本当は、ヒト・モノ・カネ・時間が不足している中小企業に適用するほうが、導入効果が大きいのです。ちなみに、これまで零細企業から千人を超す中堅企業にまでドラッカーを活用した支援をしてきましたが、結果が出るまでの時間（期間）は、中小企業のほうが圧倒的に短くてすみました。

また、強い敵と遭遇しない生き方もあります。たとえば、北アメリカのロッキー山脈の標高2500メートル付近に生息している山羊《やぎ》がいます。食べ物は夏場には高山植物がありますが、冬は乏しくなります。冬になるとマイナス30度以下にもなり、強風が吹き荒れるなかで生息しています。しかし、こうした劣悪の環境が、ここで生息するシロイワヤギ（別名：シロカモシカ、マウンテンゴート）にとって、生きていくのに必要な食べ物があるうえに、天敵がいません。また、食べ物を奪い合うライバルもいないという「天国」なのです。

もしかすると、私の「中小企業にドラッカーを」というコンセプトは、これに近いのかもしれません。そういう同業他社に出会ったことがないからです。また、プラネタリウムを製造販売している五藤光学研究所は、従業員160名前後なのですが、国内シェアの70％、世界シェアの40％を占めるオンリーワンに近い企業になっています。

こうした考えを経営戦略に取り入れたのが、ドラッカーの「ニッチ（生態学的地位）戦略」です。ニッチ戦略の3つ、すなわち、①トールゲート戦略、②専門技術戦略、③専門市場戦略には、一定以上の規模的な成長は望めないという制約はあります。また、特化していますので、代替商品や技術が開発されれば、市場が消滅するというリスクが常についてまわります。それを承知で行なう企業にとっては、「競わない経営」という、とても魅力的な戦略と言えるでしょう。

競争戦略（総力戦略・創造的模倣戦略・柔道戦略）で成功した企業は、大企業として目立つようになります。しかし、ニッチ戦略で成功しても、ほとんど目立ちません。

佐賀県に、セラミックを加工した自動車用の電子基板を製造する共立エレックスという企業があります。同社の商品は、世界で走っている車の3台に1台の割合で使われています。また同社は、中小企業庁の『明日の日本を支える　元気なモノ作り中小企業300社』（2008年版）にも選ばれています。しかし、一般的にはほぼ無名の企業です。

その共立エレックスの西山社長が、「わが社よりも業績が良い」と言うAQUA PASSという企業が同じ佐賀県にあります。電子機器のプリント基板などを水とエアで洗浄・乾燥するという特殊機械を製造・販売しています。この分野での市場シェアは80％にも達しており、同社も、『明日の日本を支える　元気なモノ作り中小企業300社』（2009年版）に選ばれているのですが、一般にはほとんど知られていません。

知られていないものには挑戦しようがありませんので非競争の経営環境（生態学的地位）で生きることができるのです。

これを、「大企業だから適さない」と考えるのは早計です。売上高2兆円を超える大企業でも、「小なる」を貫いている企業もあります。それがポストイット、セロハンテープなどを開発した3Mです。同社は、電気・電子素材分野、医療・保健・ヘルスケア分野、安全・セキュリティ分野、接着剤、テープ、文具など、多岐にわたる商品を製造しているのですが、1つひとつの事業や商品の分野は、小さな市場規模に限定しています。つまり、ニッチ商品をかき集めて大企業になっているのです。結果として、長い期間、世界有数の優良企業であり続けています。

このように、ニッチ戦略は大企業でも採用できる戦略です。

(2)トールゲート戦略

あるものを製造するとき、あるいは、あることをするときに、絶対に使用しなければならない商品やサービスを取り扱うのが、この「トールゲート戦略」です。

1930年代に、ある企業が缶詰の缶を密閉するための材料を開発しました。それは缶詰に欠かせないものでした。食中毒でも起こせば缶詰業者は倒産に追い込まれます。ですから、缶詰の腐敗を防ぐためには、どうしてもその材料を使わなければなりませんでした。しかし、そのコストは1セントにも満たないもので市場規模も小さかったのです。絶対に通らなければならないトールゲート(料金所や関所)と同じように絶対に使わなければならないもので、競合他社が参入しようにも市場規模が小さく、努力して参入するほどの魅力がない市場をつくるのがこの戦略です。

国内にも日本アイソトープ協会というのがあります。放射線に関する医療品などの流通や廃棄のノウハウを持つ組織です。認可さえ受ければどのような企業や組織でも参入が可能な事業なのですが、現在のところ、同協会の独占事業となっています。あえてリスクを冒してまで新規参入するほどの魅力がありませんし、非常にリスクが高い事業で運営ノウハウを得るのも容易ではないからです。

なお、アイソトープとは、放射性物質を含むものだと理解してください。放射性物質を含む商品などを、勝手に流通させたり、廃棄することはできません。その専門業者に依頼しなくてはならないのですが、現在のところ、日本では同協会だけがこのノウハウを持ってサービスを提供しています。したがって、放射性物質を含むものを扱うときには、どうしても同協会を通さなければならないのです。そういう意味で、同協会はトールゲートになっています。

(3)専門技術戦略

この対象市場は、トールゲート市場よりも大きいのですが、ニッチ(限定された)市場であることに変わりありません。たとえば、トヨタやホンダ、日産など自動車メーカーの社名を知らない人はいません。しかし、売上高約3兆円のデンソーや約2兆円のアイシン精機の社名は、知っている人のほうが少ないのではないでしょうか?

そもそも、車を買ったり乗ったりするときに、部品まで気にする人はいません。あなたも、ご自身の愛車のセルフ・スターターのメーカー名までは知らないはずです。このような状況ですから、自動車業界以外の人には知られる必要もないのです。

こうした専門技術市場は、ある産業ができあがるときに、優れた技術を開発することで、トップの地位を獲得するのです。自動車産業は、機械の専門家がつくりました。ですから、電気関係の専門知識が不足していました。そこで、電気関係の専門家が、自動車の電装部品を提供することになったのです。ある産業ができあがるときに、その中で特定領域の技術分野を確立するのが、専門技術戦略の基本パターンです。

この専門技術戦略は、製造業だけにかぎったものではありません。新しい習慣、新しい動向が生まれた直後にもチャンスはあります。たとえば、ヨーロッパでは、貴族だけが旅行をしていた時代から、一般大衆が旅行に行くようになった1828年頃に、ドイツ人のベーデカーが観光用のガイドブックをつくりました。貴族は執事がホテルの予約や行き先を調べてくれましたし、ガイドを雇って旅行を楽しむことができました。

しかし、一般大衆は、旅行の手続きのすべてを自分でしなければなりません。また、ガイドを雇うお金もありませんでした。そうした状況から、旅行の手引となる「観光ガイドブック」のニーズが発生したのです。

ベーデカーは、旅行者がどのような情報を必要としているか調べました。その必要とする情報をどのようにして入手するかを考え、どのようなガイドブックをつくるかを考えました。また、情報を更新する仕組みもつくりあげました。そして、いち早くブランドを確立して普及したため、新規参入しても採算が取れない状況をつくり出しました。この戦略は成功し、長い間、市場を独占することができたのです。

旅行に関しては、日本でも同じことが起こりました。日本の高度成長による外貨準備高が伸び、海外渡航制限が1964年に解除されました。これを受けて1965年に、日本航空が日本ではじめての海外パッケージツアー「JALパック」という海外旅行の手続きすべてを代行する商品を発売しました。この商品により、航空チケット、ホテルの予約、交通機関、観光ガイドなど、海外旅行につきものの面倒な手続きからすべて開放され、海外旅行に行く人は急増したのです。

もう1つ、専門技術に特化することで、業界全体の業績低迷と逆行するような好業績企業があります。それは、豚や鶏ガラなどから天然調味料をつくり、食品メーカーや外食企業に納入するアリアケジャパンという会社です。

「食品メーカーや外食企業に納入する」と聞くと、下請けのイメージが強いのですが同社の営業利益率は15・6％（2012年3月期）と、業界水準の5％を大きく上回っています。また、2013年3月期の売上高も353億円で前年比12％増を予測している超優良企業です。

同社の調味料は、「おいしい味の構成に必要な調味料」として評判が高く、個人経営のラーメン店からフランス料理の高級レストラン「ロブション」でも使われているという優れものです。

それを可能にしているのが同社の開発力です。さまざまな味を開発して、取引先に提案し、その中から提案先の企業の味の構成に必要な調味料やダシを選択してもらいます。それが、パソコンメーカーに対するインテルのやり方に似ていることから、「食のインテル」と呼ばれることもあるそうです。

成熟産業である食品業界でも強みを生かし、差別化できる戦略をとれば、成長は可能なのです。

と、ここまで書いて、もう1つ、思い出した企業があります。それは、成長する特定保健用食品（トクホ）市場で、ＯＥＭ（相手先ブランドによる生産）に特化し業績を伸ばしている東洋新薬です。

トクホの取得数はヤクルト本社やカルピスなどの大手企業を押さえて日本一になっています。同社の社名はＯＥＭのため、ほとんど知られていません。しかし、同社のトクホの取得数と技術力から、生産受託先は１００社を超えています。これもドラッカーのいう「専門技術戦略」と言えるでしょう。

（4）専門市場戦略

専門市場戦略とは、専門商社に見られるように、特定の市場の専門知識を元にビジネス・モデルをつくりあげていく戦略です。

「専門技術戦略」と「専門市場戦略」の違いは、「専門技術戦略」が商品やサービスを中心に構築するのに対して、後者の「専門市場戦略」は「市場に関する専門知識」を中心に構築される点にあります。

たとえば、ミスミは、量産品をつくるときの金型やＦＡ（ファクトリー・オートメーション）などの専門商社です。同社は、金型の通信販売で成長してきました。金型のことならどこよりも詳しく、顧客が満足する対応をしてきたからでした。

ミスミは上場企業にまで成長しているのですが、同じような方法でＦＡを専門とする八洲産業という中小の専門商社が福岡県にあります。同社は、ＦＡを導入したいという顧客に代わって、機械設置のための図面引きから手伝うなどのきめ細かな専門的な対応を行なっています。

こうした専門市場での展開により、「問屋不要論」が言われ、業績が低迷する卸売業において、業績を伸ばしています。

「専門市場戦略」のリスクは、市場が成長によって、専門市場ではなくなり、「大衆市場」になることです。大衆市場になると、多くの競争相手が出現してしまいます。

たとえば、１９２０年頃まで、香水はごく一部の特別の女性だけが使用していました。その頃、市場を独占していたのはフランスのコティ社でした。

ところが、第一次世界大戦後になると、普通の女性が香水を使うようになったのです。それで、同社が独占していた専門市場が専門市場ではなくなり、大衆市場になりました。そのため、多くの競争相手が出現したのです。同社は、高級品にするか、大衆ブランドにするかを決めることができませんでした。もはや消滅してしまった専門市場にとどまろうとしたのです。その後、しばらくの間は、同社の業績は芳しくありませんでした。

なお、同社の名誉のために現在の状況を紹介しますと、高級品から大衆品まで、すべてのラインナップをそろえて世界130カ国以上を対象に販売し、売上高45億ドルを超える美容界のリーダーとなっています。

5 商品や市場の意味を変え経済価値を創造する

ドラッカーは、イノベーションとは「新しい経済的な成果を出す活動」ととらえています。この戦略では、商品やサービスそのものは既存のものを使います。しかし、ひと工夫してその使い方を変えたり、支払い方法を変えたり、何か別の既存のものを加えて新しい方法に変えたりして、新しい市場を開拓したり、既存の商品やサービスを新しい商品・サービスに変えてしまうのです。

ドラッカーは、「事業目的は顧客の創造」と言っていますので、この視点からすると、この戦略に属する戦略は最もドラッカー的な戦略だと言えます。これに属する戦略には4つのタイプがあります。

(1)顧客の利便性を創り出す戦略

私たちが日常的に使っている郵便制度。宅配便や電子メール、ファックスが開発され、その存在感が唯一絶対的なものから一歩後退していますが、重要な社会的な制度であることに変わりはありません。その一例にすぎませんが、これだけ電子メールが普及している今日においても、年賀状だけで18億枚ほど使われています。

その郵便制度は、1836年に、イギリスのローランド・ヒルが発明したと言われています。しかし、古代ローマ（2000年前）には、ちゃんとした郵便制度があり、ローマ帝国の隅々にまで配達していました。また、日本でも7世紀には、すでに手紙を運ぶ「飛脚制度」のようなものが存在していました。

16世紀のはじめにはドイツでも郵便事業として確立していましたし、17世紀に入るとドイツの郵便制度をマネして、他のヨーロッパ諸国でも郵便制度を整備しました。18世紀になるとアメリカでも郵便制度が導入されました。それなのに、なぜ、ローランド・ヒルが近代郵便制度を発明したと言われているのでしょうか？

彼がつくった郵便制度には新しい技術は使われていません。しかし、仕組みを変えたのです。彼以前の郵便制度は、①郵便局に持ち込み、②受取人払い、③配達距離と重量による料金体系、でした。

ところが、彼はそれを、①郵便料金は国内一律、②料金は前払いで切手を貼る、③ポストに投函すればよい、ものにしたのです。これによって、郵便はすごく便利になりました。便利になったことで利用する人が増えました。そして、郵便料金はそれまでの12分の1まで安くなりました。

ローランド・ヒルが考えたことは、郵便をだれにとっても便利なものにすることでした。そのため、顧客は何を望んでいるのかを自問しました。その答えが「便利さ」でした。彼が考案した郵便制度の魅力において、料金の低下は二の次でした。便利さが需要（つまり市場）を創り出したのです。

それまでの郵便は主に儀礼のために使われていたのですが、新しい郵便制度は、請求書などの商業目的にも利用されるようになりました。ちなみに、郵便の取り扱いは、最初の4年で2倍になり、それからの10年で8倍になりました。その結果としてコストがさらに低下して、現在のようにほとんど気にならないほどの料金になったのです。

こうした近代的な郵便制度の確立から150年ほど経た日本で、宅配制度が確立されました。その便利さから、今では郵便小包をはるかに上回る事業規模に成長しています。これも、当時の郵便小包の不便さ（郵便局まで持ち込み、包装の徹底、着荷日時の不明、不在時配達ものは郵便局まで取りに行く、郵便局職員の横柄さなど）の視点から考え出されたものでした。

もう1つ、画期的な事例があります。それはヒューレット・パッカードの日本法人です。同社は、世界の工場と言われ、現時点で日本の人件費の4分の1である中国から生産拠点を日本に移転させることに成功しました。ヒューレット・パッカードは、世界で販売している会社ですが、自国生産できているのは日本法人だけだそうです。

さまざまな努力があるでしょうが、納期を3分の1に縮め、それと仕様変更への対応力を高めたことが自国生産に切り替えさせた大きな要因になっています。ここでは「スピード」と「柔軟な対応」が顧客にとって「価値ある商品」となったのです。

このように、顧客の利便性を創り出す（効用創造）戦略は、「顧客にとって何が本当のサービス（便利さ）なのか」を考えることで生み出すことができるのです。

(2)価格の意味を変える戦略

この戦略は「顧客はいったい、何に対しておカネを支払っているのか？」を考えることからアプローチします。

これを最初に考え、経営に取り入れたのがカミソリの世界的メーカーになったジレット社（現在はP&G社が合併）でした。

安全カミソリそのものは、創業者であるキング・ジレットが発明したのではありません。ジレットが行なったのは、「安全カミソリに値段をつける」のではなく、安全カミソリを使った1回あたりのひげそりに価格をつけた」ことでした。それがイノベーションだったのです。

ジレットが1回あたりのひげそりに価格をつけた100年前は、最も安い安全カミソリの価格は5ドルで、床屋は10セントでした。当時は、日給1ドルが高給とされていた時代で、どちらも庶民には高すぎる価格でした。

ジレットは、安全カミソリの本体を55セント（卸価格は22セント）、他の最も安い安全カミソリの10分の1近い値段で売ったのです。しかし、それに使う特許をとった替え刃を、自社商品にしか使えないように設計して5セントで販売しました。その替え刃は6回か7回使えました。それで1回あたりのひげそりは1セント以下になりました。ということは、床屋でひげを剃ってもらう10分の1になったのです。ちなみに、替え刃の1枚あたりの製造コストは1セントにも満たないものでした。

このことに対してドラッカーは、「消費者は、他社の5ドルの安全カミソリを買って、1セントか2セントの替え刃を買ったほうが、ジレットの安全カミソリを使うより安かった。しかし、消費者は、1回あたりのひげそり料として、ジレットの安全カミソリのほうを選んだ」と言っています。

また、1959年にゼロックスが開発したコピー機の販売に、カウンター課金制度を導入したことについても同じように言っています。

発売した頃のコピー機の価格は4000ドル（為替と物価を加味して現在の価格に置き換えれば約2000万円）でした。4000ドルの支出は取締役会の承認が必要ですし、役所であれば議会の承認が必要でした。いくら便利な機械とは言え、複写に使うカーボン紙がタダ同然の価格なのに、そのような高額の支出を認める会社（役所）、また、その金額を支払える会社はほとんどなかったでしょう。

そこで、ゼロックスは、コピー機が生み出す複写の便利さ（コピー）を、1枚あたり5セントで売りました。5セントであれば事務員の判断（決裁権限）で支出できます。この価格の設定方法がイノベーションとなり、コピー機は爆発的に普及していったのです。

日本の中小企業にも、このような価格戦略をとっている企業があります。それは、資金力が乏しい中小企業に、「顧客管理ソフト」を期間貸し（ASP：インターネットを通じて、顧客にビジネス用アプリケーションをレンタルするサービス）しているシナジーマーケティングです。

同社は、「あなたのお好きな○○が入荷しました」などのメッセージが小売店から届くようなソフトを開発してします。もちろん、企業にとっては、顧客管理ソフトを自社開発して使うほうがトータルコストとしては安くなります。しかし、開発費用を捻出できない企業にとっては、そうしたソフトをレンタルするほうが都合が良いのです。

同社のデータベースは月額15000円から、追加ソフトは2000〜36000円で利用できます。なお、同社の場合、ソフトの使用だけでなく、顧客情報の管理や分析、販売企画まで一貫性のあるサービスで差別しようとしています。

私たちは、ついつい機械的な合理性を追求しがちです。しかし、顧客には顧客の事情があり、現実があります。その事情や現実に合わせて支払い方法を設定する必要があります。

（3）顧客の現実に合わせる戦略

世界の最優良企業の1つであるGE（ゼネラル・エレクトリック）は発電所関連事業でも世界のトップクラスです。その地位を築いた理由がこの「顧客の現実に合わせる戦略」にあります。

100年ほど前、発電所用に開発された新型の蒸気タービンは、それまでの機械より機能は充実していたのですが、はるかに複雑なものでした。そのため、発電所（電力会社）にはメンテナンスのための技術力がなく、メンテナンスをメーカーに依存しなければならない状況でした。しかし、当時のアメリカでは、ソフト（コンサルティングやサービス）に対する支出は法律的に認められていませんでした。また、ソフト料を蒸気タービンに上乗せすることは、各州の公益事業委員会が認めてくれませんでした。

そこで、GEは新しい蒸気タービンを売るために、コンサルティング・エンジニアリング部門を立ち上げました。しかし同社は、その部門の名称を「関連機器事業部」としたのです。蒸気タービンには、数年に一度、取り替えなくてはならない高額の部品（ブレード）を必要としていました。同社は、そのブレードにコンサルティング・エンジニアリングのコストと利益を上乗せして請求したのです。

同社は、コンサルティング料も請求しなかったし、蒸気タービンの価格も他社並みでしたので、法律にも触れず、公益事業委員会にも無関係な方法をとったのです。その結果、世界市場で独占的な地位を占めるようになりました。

もう1つの事例は、1840年代に農機具販売の分野で起こりました。当時のアメリカでは、農民に融資する銀行はありませんでした。しかし、農機を導入すれば生産性は一挙に高まり、農機の代金は2年か3年で支払えることはわかっていました。

そこに目を付けた農機具メーカーのマコーミックは、分割払いを考え出して自社商品を売ったのです。当然のことながら、農民はマコーミックから分割払いで農機を買い、農業生産性を高めていきました。もちろん、マコーミックの業績は飛躍的に伸びました。

ちなみに、この分割払いに関しては、マコーミックの100年ほど後の1950年頃に、割賦販売を日本でも普及させ、中・低所得者層の消費を拡大させた日本信販（現三菱UFJニコス）があります。第二次世界大戦後の混乱期のある年末に、子どものランドセルを質屋にもっていく母親の姿をテレビニュースで見た同社の創業者、山田光成さんは、「勤続年数が3年以上あり、妻子があれば信用貸ししても大丈夫」との信念から、クーポン券の発売による割賦販売をはじめ、やがて個品割賦（商品を購入するたびにクレジットを組む方法）、クレジットカードへと広げていきました。

現在では、病院の入院患者用の貸テレビ、旅行用のレンタルキャリーバッグ、レンタカーなどがこの戦略に該当します。

（4）モノではなく価値そのものを売る戦略

消費者は、商品やサービスそのものを買っているのではなく、その商品やサービスから得られる効果・効用を買っています。ところが、私たちは、ついついこのことを忘れがちになり、消費者は商品やサービスそのものを買っていると思い込んでいます。この現実を忘れなければイノベーションのチャンスを見つけることができます。

アメリカで土木機械用の潤滑油を販売していたある企業は、この現実に気づき業績を飛躍的に伸ばしました。

土木業者にとって最もリスキーなのは、土木機械が止まることです。大型の土木機械が止まると工期に期日遅れが生じ、多額の違約金を課せられることになります。同社はそこに着目したのです。

同社の潤滑油を、同社の潤滑油使用ルールにそって使用して、潤滑油が原因で機械が動かなくなった場合、ペナルティを支払うとしたのです。土木業者にとって、期日遅れによる違約金に比べれば、潤滑油の価格など微々たるものです。つまり、同社は、「土木機械の潤滑油」というモノではなく「土木機械が止まることへの保険」というサービス（価値）を販売したのです。

日本でも同じようなことをやった企業があります。横河電機です。それまで同社は半導体テスターなどの計測器が主力商品でした。その同社がプラント制御事業に進出したときの話です。同社が海外のプラント事業に進出したのは1980年代のことでした。しかし、当時はABB（スイス）やハネウエル（アメリカ）といったメジャーには、まったく歯が立ちませんでした。活路が開けたのは、「アフターサービスの充実」に重点を移してからでした。先行するメジャーが機器の優位性で売っているのに対して、同社は、24時間のサービス体制を敷いて不具合に対応したり、集めた情報を分析してコスト低減の改善提案をしたりしています。このようにして、世界のメジャーと肩を並べるようになったのです。

顧客は、制御機器が欲しくて買うのではなく、「制御機器から得られる何か」を買っています。横河電機は、制御機器そのものではなく、その機器から得られる効用に、他社にはない「付加価値」（プラントを止めない仕組みや、そこから得られるコスト削減情報）を上乗せしたのです。

ドラッカーは、「合理的に行動しない顧客などいない。企業ごとや、同一企業でも状況に応じて異なる顧客の合理性に対応しない不精なメーカーがいるだけだ」と言っています。そして、「イノベーションのための戦略も、顧客の合理性に合致しないかぎり、何の役にも立たない」と続けています。

このように、顧客にとっての効用・事情・価格・価値などから入るのがマーケティングの基本中の基本であり、イノベーションのチャンスに気づく唯一の方法なのです。こんなことは、少しマーケティングを勉強した人ならばだれでも知っています。

ところが、「このだれでも知っていることを実践している企業はほとんどない。マーケティングを信奉しながら、なぜそのとおりにやっていないのか、私にも説明できない」とドラッカーは言っています。そして、「利潤は賢さの違いからではなく、愚かしさの違いから生まれる」という、理論経済学の大家であるデビッド・リカードの言葉を引用しています。私たちは、この2人の偉人の教えを忠実（普通？）に実行することで、勝ち残る企業に体質を改善していきましょう。

第7章

イノベーションに必要な分析

1 業績をあげる領域

イノベーションとは、「経済的な成果をあげること」です。

ですから、イノベーションに必要な分析をする場合、まず、経済的な成果、すなわち「業績」をあげることからスタートするのが妥当です。

ドラッカーは「業績をあげる領域は市場・商品・流通チャネルの3つであり、それぞれが顧客の現実に合致していなければ売れないし、3つが相互に合致していなければ売れない」と言っています。

業績をあげるうえで重要な要素を1つずつ見ていくことにしましょう。

(1)市場

市場(しじょう)とは「同一のニーズの集まり」です。だからと言って、具体的な青果市場や魚市場のような立地としての「いちば:バザール」を指すわけではありません。抽象的な概念だととらえたほうがよいでしょう。その市場はニーズの集まりですから、ニーズがなくなったり、新たなニーズが発生したりしますので、一定不変のものではありません。

とくに市場が成熟してくると、全体で1つの市場だったものがいくつかのニーズに細分化されていきます。たとえば、皆が飢えているときは、とにかく満腹になりさえすればよいと思います。しかし、飢えが解消されると、何を食べて食欲を満たすかが問題になってきます。そうすると、和食、中華、イタリアン、フレンチ、居酒屋、ファーストフードなどの選択肢が出てきます。また、種類だけではありません。価格も重要な要素になってきます。仮に、右記にあげた6つと価格を3段階(高価格・中価格・低価格)に分けたとすると、ニーズは18に分類できます。もっとも、居酒屋(中価格の可能性有り)やファーストフードには高価格や中価格はないでしょうから、15分類か16分類になると思います。市場の細分化とは、このような市場への対応策なのです。

企業の業績が低迷する原因は、このような市場の変化(細分化したなかでのマスの移動、あるいは、分類以外の分野の出現)への対応不足にあるのかもしれません。

ここで、世界の市場への対応にも触れておきましょう。ドラッカーは、2000年頃にはすでに「世界が1つの市場になった」と言っていました。

高度成長期頃からの国際化とは、先進7カ国（フランス・アメリカ・イギリス・ドイツ・日本・イタリア・カナダの財務相・中央銀行総裁会議）への進出でした。その頃は日本にとって魅力がある市場は、この地域に限定されていたからです。したがって、日本国内を含む先進7カ国だけを視野に入れていれば企業の成長も、業績の安定も図れたわけです。

ところが現在は、これらG7の経済成長率は停滞し、G7を含めたG20参加国の新興国を市場として取り込まなければ、厳しい状況になっています。また、G20への対応についても、つい2、3年前までは中国だけを視野に入れておけば何とかなっていました。しかし、新興国は中国だけでOKという時代もすでに過去のものになりつつあります。これは「チャイナ、プラスワン」と言われていることでもわかります。

たとえば、自動車業界で見ると、トヨタ自動車は日本・アメリカ・カナダ・イギリス・フランスで70％の生産能力を持っています。一方、日産自動車は同地域での生産は45％にすぎず、ロシア、東欧、中南米での生産能力が大きいのです。つまり、トヨタは「G7型」、日産は「G20型」と呼べるかもしれません。また、建設機械で元気印と言われているコマツも、日本・アメリカ・ヨーロッパ（伝統市場）以外の戦略市場の売上構成比が63％に達している「G20型」企業です。

こうした流れと逆行しているのがNECです。同社は1990年代には海外売上比率が30％を超えていましたが、現在では10％台にまで落ちています。「G20」どころか「G7」にも届かず、

「G1」（日本だけ）という状況になっています。それでも業績が良ければ問題ないのですが、業績は長期低迷が続いています。

あなたの会社が世界を相手にする必要があるならば、5年後、10年後のあるべき姿を描き、そこから「G20」へのステップを考えておく必要があります。

なぜならば、個別企業を例にあげるとわかりやすいのですが、取引先を1社に依存していると、自社の業績がその会社の業績に左右されてしまいます。そのうえ、その会社に主導権を握られるため、交渉力がなくなってしまいます。それは元請会社と下請け会社の関係を、見ればよくわかります。

また、供給先が中国一国に集中していたレアメタルやレアアース、中近東に依存していた石油なども、取引先を集中することのリスクの事例としてわかりやすいと思います。

ドラッカーは「世界は1つの市場になった」と言っています。右記のような事例を見ても、G1型やG7型などに偏ったビジネスは、安定成長を妨げる要因になると考えたほうがよさそうです。

その際、業界から物事を考えるのではなく、市場から考えると視界が一挙に開けます。ソフトバンクの孫正義社長は「我々は国内の通信会社とだけ競争しているわけではない。アップル、グーグル、フェイスブックなど、すべてのIT企業と戦っている。このようにとらえると、『国内や業界内に引きこもっていること』が大きなリスクになる」と言っています。

国内市場だけを対象にしていても、基本的な考え方は同じです。市場は生き物と考えましょう。たとえば、スーパーの場合、郊外に大型店舗を構えて業績を伸ばしてくる手法が一般的でしたが、最近は、都市部にコンビニのような新型の小型店を展開する動きが出ています。そうしたなかで、マルエツは、都市部の高齢者や単身者に照準をあて、一般の食品スーパー（売り場面積1000平方メートル、商圏は半径600～700メートル）より小さい（同150平方メートル、同300メートル）店舗を出店するそうです。こうなるとコンビニと競合することになりますが、鮮魚や精肉の取り扱いを数倍にしたり、価格をスーパーと同程度にしたりして差別化を図ることができます。

また、市場を変えるとは、業界を越える場合もあります。繊維業界の東レや帝人が炭素繊維を開発しました。そして、東レはボーイング社にボディーを提供することで航空機部品の業界に参入しました。また、帝人はGMにボディ用の炭素繊維を納品することで、自動車部品業界に進出しています。これらは「業績をあげるための市場の多角化（用途の開発）」の好例と言えるでしょう。

（2）商品

通常、「私たちが業績をあげる領域」と考えるのが、この「商品」ですね。したがって、商品の重要さは改めて言うまでもありません。また、顧客から見れば、商品購入時の重要な要素となる価格についても触れないわけにはいきません。

さて、私たちが「商品」と言うとき、それは何を指しているのでしょうか。メーカーの人たちは「機能」（どんなことができるか）と「品質」（どの程度のことができるか）を指す場合が多いようですね。それプラス「価格」（いくらでできるか）でしょうか。

では、買う立場で考えてみましょう。あなたは「機能」「品質」「価格」に満足すれば本当に買いますか？「アフターサービス」は不要ですか？　たとえば、パソコンは使用するために買うものです。使用時にトラブルが発生し使えなくなったときに、アフターサービスとしての「問い合わせ先（カスタマーセンター）」がなくても買うでしょうか？

あるいは、納期の問題もあります。「機能」「品質」「価格」に満足できても、「いつ納品されるかわからない」「納品までに3カ月かかる」となったらどうでしょう？

このように考えていくと「機能」「品質」「価格」だけでなく、「納期・時間」「サービス」「対応の柔軟性」「デザイン」「ブランド」などを含めたものが、広い意味での「商品」となりそうです。

そうなると、「競合他社の商品のほうが安いから、自社の商品が売れない」と言うのは、「まちがい」になります。価格に見合った価値（魅力）がないから買ってもらえないのが現実ではないでしょうか？　その証拠に、あなたが身につけているもの、口にするもの、利用するものはすべて最安値ではないはずです。たとえば、普段移動するときは、電車やバスを利用しても、急ぐときや荷物が重いときはタクシーを使うこともあるはずです。

また、酔うためだけだったら家で200円の発泡酒を飲めばすむのに、居酒屋に行って500円もするビールを飲むのはなぜでしょうか？　気分が良くなって居酒屋からさらに高いスナックやバーなどに行って、1000円もするビール（しかもサイズは小瓶）を女の子にご馳走するのはなぜでしょうか？　それは、家では〝酔い心地〟を買い、居酒屋では〝仲間とのコミュニケーションの手段〟として買い、スナックでは〝女の子に対する見栄や下心〟に対してお金を支払っているからではないでしょうか？　つまり、物理的には同じ「モノ」でも、買っているもの（用途や満足感）は違います。その違いにより価格が違っているのです。

こう考えると、商品と価格の関係は「割安感があるかどうか？」の関係で表すことができそうです。どこからでも買えるもの（代替商品がある）は価格が購入の決め手になるし、他の商品にない魅力が備わっていると、それを欲しい人は他の商品より高くても買います。

たとえば、国産原料にこだわり、他社の3〜4倍の時間をかけて丁寧につくった豆腐を、他社商品の2倍近い価格で売っている男前豆腐店は、売上高が60億円（2012年3月期）と、この5年間でほぼ倍増させました。

ところで、今、量販店などでPB（プライベート・ブランド：小売業がメーカーのブランドではなく、自社・自店のオリジナル・ブランドで販売する）商品が増えています。小売業は、なぜ、リスクを負ってまで自社ブランドで売ろうとするのでしょうか？

このことに関してドラッカーは次のように言っています。「小売業も、商品を自社開発することがリスクであることを知っている。しかし、どこでも買える商品ばかりを取りそろえて他社との差別化が図れず、価格競争に陥るリスクも知っている」と。

この言葉を裏付けるように、たとえば製造小売というプライベート・ブランド（ストア・ブランド）を確立しているユニクロ（ファーストリテイリング）の営業利益率13・6％、純利益率7％強をはじめ、10％以上の営業利益率を確保している企業が散見される製造業に対して、大手量販店では数％になっています。

このような背景から、大手量販店やコンビニなどは、即席めん、パン、冷凍食品、マヨネーズ、アイスクリーム、惣菜、野菜、スイーツ、ビールなど多岐にわたる商品分野で、売れるかどうかわからないリスクを伴うＰＢ（プライベート・ブランド）商品の開発に取り組もうとしているのです。

また、ＰＢ商品と言っても、流通業者が自社で直接製造しているわけではありません。メーカーに製造を委託しています。これを受け入れるメーカーも、中小企業だけではなく大企業も受け入れるようになっています。

たとえば、ビール大手のサッポロビールもセブン＆アイ・ホールディングスなどのＰＢ商品（メーカーから見ればＯＥＭ生産：相手先ブランドによる製造）を行うようになりました。その理由は生産ラインの稼働率のアップです。それに付随してコストの削減が図れます。そして、想定外の成功もあったそうです。

サッポロビールはエビスビールなどのプレミアムビールの先駆者で技術力もある企業ですが、市場シェアが低いため、その技術力を十分に消費者に知ってもらうことができない状態でした。ところが量販店のＰＢ商品で同社が製造したビールの味を知ってもらうことができ、サッポロビール・ブランドのビールも売れ出したとのことです。

（3）流通チャネル

企業は商品やサービスに対して支払を受けます。これは、あまりにハッキリしているので、けっして忘れられることはありません。しかし、「そうした商品には市場が必要であるということは見逃されることが多い。さらに、その商品を市場に届ける流通チャネルに依存していることと、流通チャネルを利用しているということも気づいていないことが多い」とドラッカーは言っています。

このように考えると、「商品」「市場」「流通チャネル」の3つは、同じくらい重要な業績をあげる領域だと考えなければなりません。このような視点から、流通チャネルを見ると、これまでと違ったものが見えてきます。

たとえば、資生堂やカネボウといった高級化粧品は、主に百貨店や系列の専売店という流通チャネルでの対面販売で今日の地位を築いてきました。ところが、最近では、百貨店の売上げ自体が低迷していますし、化粧品専売店も売上げ低迷で店舗数の減少が進んでいます。

それに対して、ドラックストアや新型の商業施設などは勢いを増しているのです。さらに、化粧品のインターネット通販が2010年度に総合スーパーでの売上げを超えました。このような流通チャネルの変化は、既存の流通チャネルに依存する業界大手が国内販売において苦戦するなかで、ロートやグリコ、富士フイルムなどのしがらみのない異業種の新興勢力が、業界の旧来の販売方法にとらわれないドラッグストアや量販店、ネット通販などの新しい流通チャネルで売上げを伸ばしています。

業界全体で考えても、このような状況です。まして、流通チャネルを、それを担う個別企業単位で見ると、栄枯盛衰はさらにハッキリしてきます。たとえば、卸売業者で情報提供もできない。品ぞろえの提案もできない。配送もタイムリーにできない。そのうえ、誤配・遅配も頻繁にある。しかし、昔、お世話になったという理由だけで取引している企業もあるはずです。

取引先は、ビジネスの論理で選別しなければなりません。自社とともに成長できる流通チャネル、自社の成長のためにさまざまなことを提案してくれる取引先にシフトしていくことを、商品開発や品ぞろえと同じくらいに重要視することです。

また、仕事量が減り、工賃も下落する一方の「下請けという流通チャネル」から脱して、元請けという「新しい流通チャネル」で業績を伸ばしている企業もあります。

たとえば、千葉県で塗装業・防水業を営む高松工業は、技術力のある下請け企業（卸売り）でした。ところが、2008年に起こったリーマン・ショック以降、仕事量が減り、工賃も下がってきました。そこで、同社は、元請け（直接販売）になることを決意したのです。

会社の存在を知ってもらうために、会社を起点に半径500メートルの円を書き、さらにその円を八等分して、3カ月で1周するようにチラシを配りました。また、ネットからの問い合わせを増やすために、ホームページにも力を入れました。そうした努力が実り、創業時は下請け100％、2008年頃は下請けが70％だったのに対して、2012年には70％が元請け仕事になっています。

この元請け仕事の確保により、30％にまで比率が低下した下請け仕事も選べるようになったため、下請け仕事の利益率がアップするという「想定外の成功（収穫）」もありました。

これにより、以前は金銭的な余裕もなく、休みも取れずにあくせく働いていたのが、今では天気の良い休日には、奥様と高級自転車に乗って、サイクリングを楽しむといった幸せな生活を楽しんでいます。

さらにもう1つ、ベンチャーウイスキーは、1998年に比べ、国内の消費量が30％以上減ったウイスキー市場に2004年に参入しました。1本（720ミリリットル）の価格は6千〜1万円と量販店の売れ筋価格の3〜5倍するのですが、2012年3月期の売上げは、前年比20％増だったそうです。それは、販売チャネルは、「酔えれば良い」という低価格の客層を相手にする量販店ではなく、バーと百貨店、高級専門店に絞り込んでいるからです。

同社は、おそらくサントリーなどの大企業と競争するつもりはないはずです。ただ、限定的な市場で、同社の望む価格で販売してくれる流通チャネルを開拓するだけです。もちろん、その前提となる同社の商品の良さをわかってくれるファンを獲得し、それを広げていく活動を強化していることは言うまでもありません。そうでなければ、このきびしい時代に売上げが伸びるはずはありません。

業績を決めるのは商品力と販売力です。その販売力に大きな影響を与えるのが流通チャネルなのです。

2 社内を分析する：持てる能力を最大限に発揮する

「脚下照顧《きゃっかしょうこ》」ということわざがあります。「足元に気をつけなさい」「自分自身を顧みなさい。反省しなさい」という禅の教えです。私たちは、自社のことはよく知っているつもりですが、突き詰めて考えてみると、それほど知ってはいないようです。また、知っていても、チャンスをものにすることができる強みをフルに活用してはいないようです。

そこで社外にばかり目を向けるのではなく、足元をしっかり見つめ直してみたいと思います。

その着眼点もドラッカーの教えが参考になります。

2500年も前の昔から、「敵を知り、自分を知れば100戦しても危うくない」（孫子の兵法）

と言われています。マーケティングでチャンスを見つけても、それに対応する自分（社内）のことがわかっていなければ、効率的な動きはできません。そこで、本項ではドラッカー流の社内の分析方法をご紹介します。

（1）強みを生かすためのアプローチ

ドラッカーが教える強みを生かすため、まず「理想企業」を設計することからスタートします。「理想企業」というのは、これからどのような会社にしていくのかの基本構想（ビジョン・グランドデザイン）です。

ドラッカーが言う強みとは、「コア・コンピタンス」（その会社の中心となるノウハウ）のことです。商品開発力かもしれませんし、市場開拓力かもしれません。あるいはデザイン力や商品の良さを訴える訴求力の場合もあるでしょう。もしかすると、他社の商品をひと工夫してマネする能力かもしれません。さらには安く・速くつくる製造力かもしれません。

どのようなものでもかまいません。それが最終的に利益に結びつく「何か」でありさえすればよいのです。

たとえば、家具をはじめとする雑貨を販売しているニトリは「欧米並みの住まいの豊かさを日本のそして世界の人々に提供する」という経営理念を実現するために、「適正な品質・低価格・高機能・効率的な配送とコスト削減を実現しなければならない」としています。

そのための理想企業（ビジョン）を実現するビジネス・モデルが「製造・物流・小売」の一貫システムです。

その基本構想を実現するためアプローチとして、①目標と時間、②昨日の商品や事業から、今日の商品や事業に資源を移動する、③業績をあげるための人材配置、の3つがあります。しかし、その前提となる強みに気づかなければ、強みを生かすことができません。そこで、強みを見つける方法から紹介していくことにします。

◆強みを見つける

経営のヒントになることが多いこともあって、私はスポーツ、とくに世界レベルの戦いや試合に強い関心を持っています。とくに、優秀な選手でもライセンスがなければ指導者になれない、また、ヨーロッパでも活躍する選手が増えているサッカーには強い関心を持っています。

たとえば、現在、ドイツで活躍しているサッカー選手の細貝萌選手。彼はドイツに行く前に、元日本代表でヨーロッパのチームでプレー経験がある中田英寿さんから、「日本人は気くばりができるから、そういうプレーをしたほうがよい」とアドバイスをもらったそうです。

そのアドバイスを聞いた細貝さんは「大ざっぱだなあ」と感じたそうですが、実際にプレーしてみて、中田さんのアドバイスの意味がすぐに理解できました。それは、ヨーロッパや南米出身の選手たちは、自分の良さを全面に押し出してプレー（部分最適）するのは得意だが、チームに不足しているところを見つけて、それに合ったプレーする（全体最適）という気くばりができないということでした。

日本ではだれもが持っている標準的な能力である「気くばり」が、ヨーロッパでは大きな武器だったのです。このことに気づいてからの細貝さんは、チーム全体のバランスを見る選手として自分を位置づけ（ポジショニングして）、ドイツで活躍しています。

ここで大切なことは、私たちは普段から普通にやっていることを、いちいち強みとか弱みとか意識していないということです。だから、「強みを生かせ」と言われても、ほとんどの人は「何が強みかわからない」のです。自分の強みに気づくにはトレーニングが必要です。具体的には、「人に聞く」ことです。とくに、実際に買ってくれている顧客に、「なぜ、弊社で買ってくれているのですか？」と聞くのです。顧客に聞くことで「顧客が自社から買う理由」がわかります。すなわち、自社の「強み」がわかるのです。

あるいは他人（他社）と比べることです。その時に大切なのは、比べる人（企業）ができるかどうかではなく、実際にやっているかどうかを知ることです。差別化を図るのは行動だからです。たとえば、中国に進出している日本の小売チェーンで、最も安定的に成長しているのは、業界大手のイオンでもセブン＆アイ・ホールディングスでもありません。スーパーの平和堂です。

同社は、当初、スーパーで出店する方針だったのですが、「日本企業なのでブランド品など品質の高い商品で」との現地の要望が強く、日本でも経験がなかったデパートとして出店しました。同社のような日本では目立たない地域スーパーでも、丁寧な接客や仕入れ、売り場づくりの日本式のノウハウが、中国では「強み」になるのです。

ちなみに、スナック菓子大手のカルビーの強みは「食感」です。食感が強みと聞けば「かっぱえびせん」「ポテトチップス」「じゃがりこ」などすべてサクサクとした食感があり、どれも「やめられない、とまらない」ものばかりです。

◆目標と時間

理想企業が描ければ、企業の方向性が定まってきます。また、方向性が定まれば、やるべき仕事も明確になってきます。前述のニトリで言えば、適正な品質・低価格・高機能・効率的な配送とコスト削減を実現するための仕事です。

これを、「いつまでに」「どのレベル」まで実現するかを決めるのが目標の設定です。目標には、長期的（10年程度）に実現するもの、中期的（3〜5年）に実現するもの、年度で実現するものに大別されます。

現在のような変化が激しいときに長期計画はありえないと考えるのが現実的でしょうが、製造業などの設備投資は10年単位で考えなければなりません。また、人材は本当の一人前になるまでには最低でも3年、普通は10年から20年はかかるでしょう。

その際、長期的な方向性が決まっていなければ、必要な能力がわからず、したがって教育もできない状況になってきます。とくに会社の存続を左右する専門知識や技能を必要とする職種ほど、長期的な方向性を打ち出さなければ「強みの源泉」である人材が育ちません。企業は現在と将来を同時に経営しなければならないのですが、そうした意味で、企業経営には、どれくらい先の準備を現在の仕事に組み込むかの「時間軸」が、すごく大切になってきます。

たとえば、東レや帝人の炭素繊維の開発は、2～3年程度の時間軸で経営していたのでは、成し得なかった偉業です。もっとも、中堅・中小企業は、将来の方向性を定める必要はありますが、それに取り組む体力がありませんので、基礎開発は大企業に任せ、その成果を活用（創造的模倣）して商品開発に取り組むのが正しいでしょう。つまり、時間軸は、企業によって長くもなれば短くもなるということです。

◆昨日のものから今日のものに資源を移動する

ビジネス全体で考えると、儲かっている市場とそうでない市場、儲かっている商品とそうでない商品、儲かっている顧客とそうでない顧客、儲かっている流通チャネルとそうでない流通チャネルがあります。

利益が出ていないものにも、①旬をすぎたから利益が出なくなったもの、②導入したばかりでまだ利益が出る段階に達していないもの、の2通りあります。また、利益が出ているものにも2通りあって、①利益は出ているが、以前に比べて減少傾向にあるもの、②利益額や利益率が増加傾向にあるもの、に分けることができます。

ドラッカーは、後ほど述べる分類にしたがって、「過去になったもの（市場・商品・顧客・流通チャネル）、過去になりつつあるものから、現在も儲かっているけれど資源を追加すればさらに儲かるもの、これから儲かりそうなものに経営資源（ヒト・モノ・カネ・時間）をシフトしなさい」と言っています。

『竜馬がゆく』（司馬遼太郎著、文藝春秋）の中で幕末の志士、坂本竜馬も「苦労する身はなに嫌（いと）わねど、苦労しがいのあるように」と詠っています。企業活動も、これとまったく同じです。どうせ苦労（努力）するならば、苦労しがいがある（生産性が高い）ほうを選択すべきです。企業とは、本来、経営資源を経済的な成果（付加価値：最終的には利益で計れるもの）に転換する機関（仕組み）だからです。

このような観点から「市場・商品・流通チャネル・努力の分野・活動を、①優先すべきグループ、②廃棄すべきグループ、③続けても止めても、たいして業績に影響がないグループ、に分類できる」とドラッカーは言っています。そして、「②から①に経営資源を移動させなさい。そして、①にできるだけ経営資源を集中させなさい。そのためにも、③に使う経営資源は必要最小限にとどめなさい」とアドバイスしています。

②の廃棄すべきグループに関しては、お決まりのように営業部門から「売上げを確保するためには、多少でも売れている商品は廃棄できない」「顧客志向を貫くためには、販売量に関係な

くそろえておくべきだ」「その商品があるから主力商品も買ってもらえる」などの反対の声があがってきます。

このようなときは、「生産性があがらない商品は、社会に貢献していない商品だ」と割り切りましょう。その商品がまったく社会貢献していないわけではないでしょうが、もっと社会貢献できる商品に取り組んだほうが、より社会に貢献できます。企業活動はボランティアでも趣味でもありません。経済活動なのです。経済的な成果が、社会貢献の「ものさし」だと考えることです。

◆業績をあげるための人材配置

問題解決は優秀な人でなければできません。それと同じように成果をあげる仕事も優秀な人材でなければできません。たとえば、ようやく軌道に乗った事業から「もうこれからはだれにでもできるから」ということで、優秀な人を外して凡庸な人に代えてしまうことがよくあります。しかし、凡庸な人には、しょせん凡庸な成果しかあげられないのです。そのまま優秀な人をつけておくと青天井の成果が得られる可能性があることを、しっかり認識しておくことです。

逆に、その優秀な人に問題ある部署に任せたとしても、問題の解決では通常の状態に戻すことが精一杯のはずです。そうした意味で、最も優秀な人は、最も大きな可能性（成果）が見込まれるチャンスを担当させるべきなのです。

（2）企業内や業界内に隠れている3つのチャンス

本当の弱みをチャンスにすることはできません。しかし、これまでは対応のしようがなかったことでも環境の変化で弱み（マイナス要因）が解消できていることもあります。また、発想を変えることで、弱みと思い込んでいたものをチャンスに転ずることもできます。そのようなことに「気づくこと」が、ここでいうチャンスなのです。

ここではマイナスと思えることをチャンスに変えるために、①弱みを転じて強みにする、②アンバランスをチャンスに変える、③「本当に脅威か？」と疑ってみる、の視点から考えてみましょう。

チャンスは、「見つけ出すもの」です。チャンスのほうからやってくることはありません。稀《まれ》（偶然）にあるかもしれませんが、偶然に頼るのは企業経営とは言えません。

そのチャンスを見つけ出す領域ですが、実は社内や業界内にもあるのです。しかも、自分たちが弱みや弱点、脅威と感じているものの中に隠れています。と言っても、「強みがないのが自社の強み」などと、抽象的でバカげたことを言っているのではありません。

◆弱みを転じて強みにする

状況が変われば、弱みも強みに変わります。たとえば、寓話の「北風と太陽」の話です。旅人のマントを脱がせる勝負では太陽が勝ちました。では、旅人にマントを着せる勝負をするとどちらが勝つのでしょうか？　まちがいなく北風が勝つでしょう。

弱みとは、ある状態を一方の面から見たものにすぎません。少なくとも、この可能性があることを認識しておきましょう。そうすると、何かの拍子に、弱みと思い込んでいたものが、強みに転換できるかもしれません。そこで、質問です。

「業界の弱みや社内の弱みはわかっている。しかし、どうしようもないから弱みなんだ。変えられるものならば、すでに変えている」と考えていないでしょうか？

それとも、「自社は、なぜ、景気変動に弱いのだろう？」「なぜ、自社の新商品はいつもヒットしないのだろう？」「業績の伸長を抑えている要因は、本当に○○だけなのだろうか？」などの自問自答を、定期的に、あるいは、変化が起こるためにしているでしょうか？

たとえば、今日の農家（生産者）は、せっかくつくった野菜や果物でも、「形が悪い」「サイズが大きすぎる、小さすぎる」「色が悪い」「少しキズがある」と、売らずに廃棄します。スーパーや専門店などが買ってくれないからです。そうなると、極端に歩留まりが悪くなってしまいます。これが農家の弱みとなっていました。

ところが、そのようなことを気にしない人もいるのです。そこに気づいたオイシックス、らでぃっしゅぼーやなどが、そうした規格外の野菜を買い上げ、スーパーなどより20～30％安の通販で成功しています。生産者にとっては、一定量を廃棄しなければならなかった「弱み」が、消費者ニーズの変化とネット販売という新しい流通チャネルのおかげで、強み（収益源）に転じたのです。

もう1つの事例は、「小売業と卸売業の受発注単位」の問題です。小売業は資金繰りと在庫の観点から小ロットの仕入れを望みます。一方の卸売業は、事務効率や配送などのコストを削減するため大ロットの受注を望みます。この攻防は永遠のテーマでした。つまり、この問題は流通業にとって「構造的な弱み」だったのです。

しかし、大手卸売業の国分は、宅急便のヤマトホールディングスと提携することで、この矛盾を解決しました。卸売業の国分は多品種の品ぞろえを行ない、ヤマトは全国に張り巡らした毛細血管のような配送網と決済機能で、多品種・少量・多店舗・多頻度の小売業への納品を可能にしました。このおかげで、国分は離島の小売店との取引もできるようになったのです。

◆アンバランスをチャンスに変える

アンバランスとは、売上げと利益のバランス、保有するノウハウ（技術やアイデアなどの知的所有権を含む）の重要性と利益の間に、つり合いが取れていない状況が生じていることです。

たとえば、市場が伸びていないときに売上げを伸ばそうとすれば、どうしても利益率を圧縮するなどの販売促進策をとらなければなりません。そのようなときには売上げの割には利益が伸びないことが多くあります。しかし、市場が拡大し、売上げが伸びているのに利益は伸びないのは、需要と供給体制の間に何らかのアンバランスが生じていると考えていいでしょう。

そのアンバランスが生じる代表的な業界が製鉄所の高炉（コークスを燃焼させ、鉄鉱石の還元反応で銑鉄をつくる設備）です。製鉄所でも需要が生産能力を上回ったときには、新しい生産設備を増設しなければなりません。その際、段階的に生産設備を増強できればよいのですが、生産設備は小型化できず、増加した需要をはるかに上回る規模の生産設備をつくらなければなりません。

そうすると、売上げは伸びるが利益は伸びず、逆に莫大な設備増強費が発生し、利益が減少するという状況がくり返し発生します。

では、設備を増設しなければどうなるのでしょうか？　ライバルが設備を増産して需要に対応すれば、差別化されていない商品は、すべて設備を増産したライバルに持っていかれます。ですから、嫌でも設備の増強をしなければならないのです。こうした理由から、成長が続く市場においても、高炉の製鉄所は継続して利益を出し続けることが難しいのです。

この「アンバランス」を克服したのが電炉（原料のクズ鉄を電気で溶かして銑鉄をつくる設備）です。電炉は、高炉に比べて広大な土地を必要とせず、生産量の調整もしやすくなっているため、利益を出しやすくなっています。これは、アンバランスを克服した事例です。

余談ですが、高炉の製鉄所は、伝統があり、技術力に自信を持っていたため、高炉に固執して電炉には見向きもしなかったそうです。技術者魂と言えばそれまでですが、ドラッカーが大企業の欠点として指摘する〝「自社の技術以外はろくなものではない」というごう慢さ〟も背景にあったようです。

そのような大企業のごう慢さを捨て、活路を見出した異業種の大企業もあります。日本の大企業は、多くの特許やノウハウを持っています。しかし、市場や産業の構造変化で、これまで売れていた商品が売れなくなってしまいました。「保有する高度な技術やノウハウ」と「売上げや利益の低下」というミスマッチ（アンバランス）が生じたのです。

たとえば、ソニーは、産業構造の変化で多額の赤字決算を余儀なくされた代表企業の1つでしょう。しかし、保有するデジカメなどに使う画像センサーなどは世界のトップレベルです。その技術を医療分野に転用することで活路を見出そうとしています。その一貫として商品や市場を持ちながら財務の破綻で経営不振に陥ったオリンパスに出資して筆頭株主になりました。

あるいは、三菱重工業の競争力が低下した造船部門は、世界でトップクラスの製造ノウハウを持っています。しかし、製造コストにおいては、電気料金などのインフラや人件費などで、ライバルの韓国や中国企業には太刀打ちできません。技術的には最高でもコスト競争力で勝てるとはかぎらないのです。

そこで、2012年から船舶の省エネ技術や設計図面のライセンスを売ることにしました。製造コストは韓国や中国にかなわなくても、ノウハウは高度のものを持っているからです。

ドラッカーの著書にも、同様の事例が紹介されています。部品製造の企業で、溶接技術は優れていたけれど、最終商品は差別化できるものではありませんでした。そこで、差別化できる溶接技術を生かすために、部品製造をやめ、溶接コンサルタント会社になったというのです。

トータル的には差別化できなくても、部分的に秀でたところがあれば、それが商品になるということです。

◆「本当に脅威か？」と疑ってみる

だれが考えても脅威としか思えないことのなかに隠されたチャンスがひそんでいます。問題は、「それを冷静に分析して、見つけ出せるかどうか」です。

たとえば、1950年代のアメリカの鉄道会社にとって、普及しだした乗用車、トラック、飛行機は、鉄道の顧客を奪う脅威以外の何ものでもありませんでした。しかし、公共機関である鉄道にとって、効率の悪い地域での乗用車やトラックの普及は、利益があがらないサービスから撤退する理由として、絶好のチャンスになったのです。

また、日本人はだんだん食の安全にきびしくなっています。その影響で、偽装や虚偽表示、中国産の食品への不信感など、すべてがコストアップや信頼の低下に結びつく脅威となっています。その一方で、食の安全が保障されれば、多少高くても買ってもらえる状況も増えています。

そこに目をつけ業績を伸ばしている企業があります。和みは、緑茶・紅茶・コーヒーなどの取扱商品（約200品種）の大半が日本農林規格（JAS）の有機承認を取得しています。だからと言って高額で販売しているわけではありません。他の有機栽培品より10％ほど安く、一般の商品と比べてもそんなに高くはありません。

「付加価値が高い商品を割安に提供し、他社との違いを出す」というのが同社のポリシーだそうですが、脅威をみごとにチャンスに変えた事例だとも言えます。

アメリカの鉄道にしろ、和みにしろ、発想そのものがイノベーションなのです。

私たちは、脅威に直面したとき、「何を恐がっているのか?」を自問自答しなければなりません。その脅威と思えることをチャンスに転ずれば、差別化された世界が開けてきます。

(3)商品の類型

ドラッカーは、「業績があがる領域は市場、商品、流通チャネルの3つだ」と言っています。そして「ほとんどすべての市場や商品、流通チャネルを、11の類型に分類できる」と言っています。ここでは商品を事例にあげますが、市場や流通チャネルも同じ分類方法で区分することができます。

このような分類が、イノベーションとどのような関係があるのか、と疑問に思うかもしれませんが、実は大ありなのです。どのような企業でも経営資源(ヒト・モノ・カネ)にはかぎりがあります。使える時間もかぎられています。生産性がわるくなった市場、商品、流通チャネルを捨てないかぎり、必要なところに経営資源を振り分けることはできません。

また、業績に直結する3つの領域の現状を把握していなければ、効果的な経営をすることもできません。つまり、市場、商品、流通チャネルの3つの領域を分析することは、イノベーションを行なううえでの必須条件なのです。

さて、ドラッカーのいう11の類型とは、①今日の商品、②明日の商品、③生産的な特殊商品、④開発商品、⑤失敗商品、⑥昨日の商品、⑦修正商品、⑧不必要な特殊商品、⑨正当でない特殊商品、⑩経営者の思い込み商品、⑪シンデレラあるいは睡眠商品、を指します。

しかし、この分類では、①②④⑤⑥⑩は、ある程度イメージがわくのですが、それ以外は実務としてはわかりにくいと思われます。ドラッカーは、「11の分類の特別の意味はない。2、3増やしても減らしてもよい」と言っていますので、ここでは、もう少し単純な分類のしかたであるライフサイクルによるものを紹介します。

商品にも人間と同じように生まれてから死ぬまでのライフサイクルがあります。それは、一般的に使われている商品のライフサイクルによる次の4類型です。ただし、このライフサイクルのそれぞれの長さは商品によって違います。4つの順番に進むものもあれば、導入期から衰退期に入るものもあります。反対に、「チキンラーメン」や「花王のアタック」のように、発売されてから数十年経っても衰退期に入らず、第一線で売れ続けている商品もごくまれにあります。

◆導入期の商品

開発されて売れるようになるまでの時期です。販促費などのコストがかかるわりに利益への貢献はまだありません。また、コストをかければ売れるというものでもありません。今後、どうなるか見通しがつかない新商品です。

◆成長期の商品

成長期初期の商品は、まだまだ販売量は多くないのですが、確実に売れ出しています。販売促進費を投入すると、それ以上の売上げを確保することができます。また、利益率も十分確保できます。ただし、成長も後半になってくると市場全体の売上げの伸び率も低くなり、販促費を投入しても、売上げへの寄与率も低くなってきます。

また、市場の成長が鈍化するとともに競争も激化していき、価格競争がはじまります。この頃から全体で1つだった市場も細分化されはじめ、それに対応するために、企業のほうも商品をニーズごとに細分化していきます。あるいは、細分化され限定された市場に特化した企業も現れてきます。

◆成熟期の商品

市場の成長が止まり、利益が出ない状況で、値引きや販促に一層力を入れなければ、売上げの維持さえできなくなる体力勝負になってきます。そうして体力のない企業から順に脱落していきます。

◆衰退期の商品

需要（ニーズ）自体が減少し、やがて代替商品に取って代わられるか、需要自体が消滅してしまいます。あるいは、マニアックな商品として（たとえば、ゲタのように）一部の人に使われ続けることになります。

なお、市場は縮小するのですが、ゼロになってしまわない市場もあります。そうした市場では、生き残った企業が売上げを分け合うことになります。この段階では、過当競争も終わり必要な利益率を確保できるようになります。これを「残存者利益」と言います。しかし、発展が望めない市場であることはまちがいなく、これに頼るのは「企業家的な経営」とは言えないでしょう。

(4) 商品の定義

演劇に主役と脇役があるように、商品にもそれぞれ役割があります。それがビジネスでは「主力商品」と「補助（販売促進）商品」です。

取り扱っているすべての商品を高い利益率で売りたいと思うのが私たちの本音ですが、顧客の思惑や競争相手の存在が、それを許してくれません。そこで、補助商品の力を借りて主力商品を売ることになります。

前述したジレットの安全カミソリの場合、本体が補助（販売促進）商品であり、替え刃が主力商品になります。また、プリンターとインクカートリッジもいずれかが主力商品となり、片一方が補助（サービス）商品になります。

新築の家とリフォーム、携帯電話（スマホ）と通話料やアプリ、コピー機とコピー用紙、芳香剤と詰め替え用などもすべて主力商品と補助商品の関係が成り立ちます。そこで問題なのは、何を主力商品にし、何を補助商品にするかということです。正解はありません。「どちらが消費者に受け入れられるか」です。この決定によって、価格設定、流通チャネル、販売方法、在庫、人材育成の内容まで変わってきます。

3 社外を分析する：想定外のチャンスを発見する方法

ビジネス・チャンスを発見するために、私たちが、通常行なう市場調査の内容は、①だれが顧客か？ ②どこに顧客はいるか？ ③顧客はどのような流通チャネルで買っているか？ ④どのような魅力（品質・サービス・価格・納期など）を望んでいるか？ ⑤自社の商品は、顧客のどのような目的を満足させているか？ ⑥自社の商品は、顧客の生活や仕事で、どのような役割を果たしているか？ ⑦その役割は、顧客にとってどの程度重要か？ ⑧競争相手はだれか？ などです。

こうした調査はたいへん重要なのですが、これらと違って、「めったに調べたり考えたりしないことのなかに、思いもしなかったようなチャンスに気づくことがある」とドラッカーは言っています。それが次の9つの項目です。

質問（1）自社で買わない「非顧客」はどのような人たちか？

「顧客を大切にしろ」とは、どの会社でも言っていることです（実行しているかどうかは別問題ですが……）。しかし、市場シェアを考えると、ほとんどの企業で、自社の商品ではなく、他社の商品を買っている消費者のほうが多いはずです。そうした状況で「自社で買わない人は、なぜ、他社で買って自社で買わないのだろう？」と問うのは、現状を打破できる最高の質問です。

こうした自問をすると、多くの場合、「他社のほうが安いから」とか「他社のほうが品質が良いから」という一般的な答えが返ってきます。そのような場合、自分自身のことを振り返ってみてください。

あなたが住んでいるところ、あなたが食べているもの、あなたが飲んでいるもの、あなたが着ているものは、すべて最安値のものばかりですか？　家賃2〜3万円のアパートに住み、最も安いディスカウントスーパーで最も安い食材を買い、最も安い水道水（1トンあたり120〜130円）を飲み、ジーユーの服を着て、靴流通センターで買った靴を履き、発泡酒以外は絶対に飲まず、居酒屋やファミレス、外食などはとんでもない！……という生活でしょうか？

もし、そうでないとしたら、「なぜ？」でしょう。その答えの中に、非顧客が自社から買わない理由があります。

ちなみに、アマゾンは最安値の商品を売っているわけではありません。でも7000億円の売上げがあります。7000億円分の何かの魅力(差別化の要素)があって、そこで買っている人がいるということです。また、コンビニも定価販売がほとんどだった時代に、急成長を遂げてきました。現在は9兆円を超す市場規模にまでなっています。けっして安くはないのです。

では、9兆円も買ってもらえた魅力は何なのでしょうか? 両業界に共通している主な差別化要素は「便利さ」と「情報発信力」だと私は考えています。それプラス、コンビニは「品質」、アマゾンは「スピード」です。消費者は、そうした魅力に対して代金を支払っているのです。

消費者が買う理由となる魅力には、①機能、②品質、③価格、④サービス、⑤時間/納期、⑥顧客との関係、⑦ブランド、⑧デザイン、⑨接客力、⑩雰囲気、⑪情報提供力、などがあります。だからと言って、すべてに秀でている企業はありません。実際、アマゾンは2500円以下の買い上げには送料を取ることになりました。また、通信販売の化粧品は、ドラッグストアや100円ショップにあるものと比べて、けっして安いとは言えません。それでも買う人がいるのです。化粧品に関しては、マーケティングの有名な言葉があります。それは、レブロンの社長が言った「自社の工場では化粧品をつくっているが、店舗では希望を売っている」というものです。同じように、100円ショップで化粧品を買うよりも「フェイシャル・サロン月2回、メナード♪」のほうが、美しくなれる希望を持てるでしょう。

これは消費者相手のビジネスだけの話ではありません。コマツの建設機械は、中国メーカーのものよりずいぶんと高価です。しかし、盗難や不正防止装置、故障率やメンテナンスの対応力から、中国市場でも一定のシェアを確保しています。

このように、自社から買わないのは、価格だけでなく買わない理由があるのです。自社で買わない消費者の現実を知ることで、業績向上のヒントが見つかることもあります。

質問（2）顧客の金と時間の使い方はどうなっているか？

顧客が使えるお金（可処分所得）と時間（自由裁量時間）の使い方のうち、「どれだけの割合が自社の商品の対象になるか？」あるいは「どのような支出の仕方ならば買ってもらえるか？」を知ることも大事です。

市場は、「1人（1社）の顧客の集まり」ですから、顧客のお金と時間の使い方を知ることは市場規模を知ることにもなります。また、そうした市場のお金や時間を、競合他社と分け合っているわけですから、業績アップに結びつく何らかのヒントになることはまちがいありません。

たとえば、コピーのカウンター課金もそうでした。ゼロックスの成功は、顧客のお金の使い方に注目し、カウンター課金という支払い方法を生み出したことです。「設備投資としてのお金の使い方はできなくても、消耗品費としてのお金の使い方は可能だ」と知ったゼロックスは、コピー機を売るのではなく、1枚5セントで複写の手間を省くこと（コピー）を売りました。このお金の使い方（使わせ方）がイノベーションだったのです。

質問(3)自社ではなく、他社から買う消費者は、何がよくてその会社から買っているのか?

「他社の魅力は何なのか?」を知ることが、自社で買わない理由(相対的な魅力のなさ)を知ることにもつながります。この質問からは、消費者の選択基準(価値選考)がわかってきます。そうすると、「その魅力を自社でも、もっと上手に提供できないか?」という次の質問にたどりつくことができます。

また、その魅力がその企業より上手に提供できないときは、「消費者のまだ満たされていない魅力は何か?」と、他社で提供できていない別の魅力を考えることです。それがニッチ市場の開拓につながることもあります。

たとえば、サムスン電子の躍進がこの事例にあたります。同社は、日本企業(ソニーやシャープなど)の商品の優位性を認めていました。しかし、デザイン性や使い勝手、不要な多機能性や高価格に不満を感じている消費者がいることにも気づいていました。

そこで同社は、消費者の立場から、消費者が望む価格を中心に、デザイン性や使い勝手の良さ、対象顧客に合った機能の適正化を図り、得意な販売戦略を展開したのです。こうした方法によって、日本企業が築いた市場に、より魅力的な商品を投入していきました。その結果、家電業界においては、世界のトップ企業の1つにまで急成長したのです。

質問（4）本当のニーズが満たされるのはどんな商品か？

これを考えると、自社の商品や提供方法の全面的な見直しや、バージョンアップのヒントが得られます。消費者の本当の満足（ニーズ）を知ることほど、商品開発やサービスの向上に役立つことはありません。

たとえば、私は、ドラッカーの活用法をわかりやすく普及することを事業目的にしています。しかし、経営者の本当の満足は、業績をあげることです。いくらドラッカーが良いと聞かされていても、業績に結びつけることができなければ、その経営者には何の価値はありません。実行するのは経営者や管理者ですから、その人たちに「ドラッカーは使えそうだ」とわかっていただき、実行してもらわなければ「ドラッカーの普及」にはなりません。ですから、本でも講演でも、「もっとわかりやすく、もっと実践的にならないか？」と常に考えています。

ただし、同じ話を聞いても、10％の人はすぐに業績に結びつけます。それは、ドラッカーも言っているように「世の中には能力が劣る人が圧倒的に多い。10％の人によって80％から90％の成果が生み出されている」という言葉に言い表されています。

しかし、60％の平均的な人は、くり返し学ぶことで、少しずつ業績に結びつけていきます。しかし、残りの30％の人は、どのように継続的に学んでも、業績に結びつけることはできないでしょう。これがきびしい現実です。しかし、「あきらめたときが、その人の限界」ですから、私は残りの30%の人たちが自分からやめないかぎり指導を続けます。そうした人たちのなかには、大器かどうかは別にして、晩成の人もいるからです。

私には、人の可能性を決めつけるだけの能力はありません。私にできることは、もっと多くの人にドラッカーの活用法を知ってもらい、もっと深く理解してもらい、もっと仕事に役立ててもらえるように、提供しているサービス（コンサルティングや講演、本）の質を向上させることだけです。それも、顧客の本当のニーズがわからなければ、努力のしようがありません。

そのため、セミナー後のアンケート、懇親会での雑談時など、さまざまな機会をとらえて、顧客や経営者の声を聞くようにしています。顧客の声を聞く方法は違っても、どの企業にも必要なことだと思います。

また、ドラッカーの著書には、顧客相談室に寄せられる顧客からのクレームや相談、問い合わせ、要望などに焦点を絞り、それを分析・検討するだけで業績を伸ばしている企業の事例が出ています。顧客相談室に集まる情報には、顧客の本当のニーズが含まれているからです。

以上のように、熱心に顧客の意見に耳を傾けることが、顧客の本当のニーズに応える最良の方法なのです。

質問（5）どのようなことが起こると、顧客は自社から買わなくなるか？

経営していると、ある日突然、大切な顧客から「取引停止の通達」を受けることがあります。

たとえば、私の主催している経営塾のある塾生（自動車整備業）は、主な取引先の1つだったタクシー会社から、「今度、会社がM＆Aに買収されました。これからの自動車整備は、買収した会社のほうで行なうようになりました。長年、本当に良くしてもらったのに申し訳ございません」という連絡が入ったと言っていました。

しかし、本当は、「ある日突然」はあまりないのです。社会の流れ、市場の変化、業界の動き、嗜好の変化、新しい技術の開発、強力な代替商品の出現、顧客や競合の様子をよく見、よく聞いていると、何らかの予兆はあります。それを見逃しているだけなのです。

こうしたことを前提に、自社から買わなくなる理由を列挙してみてください。

たとえば、いくつかあげてみると、自社から買わなくなる理由として、①多くの分野で、中国製品の品質が向上し、価格差ほど品質に差がなくなった、②ガソリンに関してはハイブリッドカーの普及や若年層の免許取得率が下がった、③小売店では近隣に強力なライバルが出店してきた、④製鉄業では炭素繊維やプラスチックなどの代替素材が普及してきた、などがあります。

どれも、ありそうなことばかりだったのではないでしょうか？

そうした変化は一時的なものか、あるいは、継続するものかを考え、自社に有利に転換できる方法はないかを考えることです。

インターネットの世界を見ていると、もっと本質的な脅威も発生しています。たとえば、ヤフーは、インターネット上で、さまざまな有料サービス（コンテンツ）を提供して収益をあげていました。それに対してグーグルは、同じようなコンテンツを無料で提供するようになりました。グーグルは広告会社ですから、広告を見てくれる人が多くなれば、それだけ広告の価値も上がります。グーグルにとって無料でのコンテンツの提供は、販売促進なのです。これによってヤフーは戦略の変更を余儀なくされました。

質問(6)顧客の事情から見て、どのような品ぞろえが魅力的になるか?

1950年代のアメリカで、今日のウォルマートのような存在だったシアーズ・ローバックが、大成功を収めた自動車保険に続いて生命保険を売り出しました。シアーズにしてみれば同じ保険だったからです。しかし、生命保険のほうはまったく売れませんでした。

顧客にとって2つの保険は、まったく別のジャンルのものでした。自動車保険は「自動車の部品」であり、生命保険は預貯金や株式投資と同じ「金融商品」だったのです。したがって、魅力的な品ぞろえにはなりませんでした。

日本でもユニクロが靴を販売したことがありましたが、あまりうまくいかなかったようです。理由はハッキリわかりませんが、ユニクロから見ると同じファッションに属するものでも、消費者から見るとユニクロはアパレル業者であって、ファッション業者ではなかったのかもしれません。

余談になりますが、ユニクロは、中国での生産ノウハウを生かして野菜の販売にも進出しようとしたことがあります。しかし、すぐに撤退しました。ユニクロで野菜を買おうと考える消費者はいませんでした。ユニクロのブランド力はすごいのですが、それは衣料品の世界であって、野菜の世界では町の八百屋にも太刀打ちできなかったということになります。

質問（7）競争相手になってもおかしくない業界・企業はどこか？

「産業構造ほど急速に変化するものはない。それなのに経営者たちは、現時点の産業構造が不変と思い込んでいる」とドラッカーは言っています。たしかに、固定電話から携帯電話、携帯電話からスマホへの変化を見ていると、競争相手（業界の構成員）はいちじるしく変わっています。

また、家電業界も、つい20年前までは、ライバルは同じ国内メーカーでした。それが今では、韓国・中国・アメリカのメーカーが主な競争相手になっています。商品によっては、すでに他の国内メーカーは競争相手としてみなされなくなっています。

同じく、20数年前のパチンコ業界や理美容業界などは、各都道府県単位内での競争が当たり前でした。そうした業界では、都道府県単位で同業者組合をつくり、互いの競争を抑制していました。しかし、その後の数年で、パチンコ業界ではダイナムやマルハン、理美容業界ではＱＢハウスなどが全国展開を行ない、同業者組合には加入せず、独自の方法で運営しています。そのため、組合主導の統制ができなくなっています。

こうした脅威となるチェーン展開の流れも、他の業界、たとえば、スーパーなどを見ていると当たり前のことでした。しかし、「自分たちの業界にはありえないこと」として考えていなかっただけのことです。

業界を越えて新規参入してきたと言えば、化粧品業界がすぐに思い浮かびます。現在テレビで放映されているCMなどを見ても製薬業界の新日本製薬、製菓業界のグリコ、フィルム業界の富士フイルム、食品業界の日本製粉、飲料業界のヤクルトやサントリーなど、さまざまな業界から化粧品業界への参入が相次いでいます。

これらの業界が持っている技術や素材には、「きれいになりたい希望を叶える要素や成分」が含まれていました。ですから、化粧品への新規参入の可能性は十分考えられることだったのです。

質問(8)自社の進出可能なチャンスはどこにあるか?

他の業界から自分の業界に入ってくるということは、反対に、化粧品業界のような業界に新規参入できる可能性があるということになります。ですから、そうした業界について、自社の技術やノウハウと「共通する技術はないか?」「共通する市場はないか?」を分析することです。

たとえば、さまざまな業界から新規参入されている化粧品業界トップの資生堂は、洗濯用洗剤、歯みがき、清涼飲料水、生理用品、健康食品、薬品などに進出しています。

仮に、他業界から参入してこない業界でも、自社の強みを生かせる「共通の技術」と「共通の市場」の観点からさまざまな業界を分析する。たとえ現在の業績が良いとしても、既存のものは必ず古くなります。陳腐化します。永遠に売れ続ける商品などありません。

ですから、業績が良いときほど、制約が少なくなりますので思い切った投資も可能になります。そのため、業績が良いときほど最も良いチャンスということにもなります。


質問(9)不合理と思われる顧客の行動は何か?


自分たちが気づいていない顧客のニーズを知るための、とっておきの質問がこの質問です。ドラッカーの表現で言えば「顧客の行動のどの点を自分たちは不都合に思うのか?」となります。つまり、顧客の現実(価値観、懐具合、効用など)の何かを見落としていると言うのです。

顧客は常に合理的に行動するものです。その合理性が、そのときどきによって「経済合理性(割安感)」や「物理的な合理性(資金不足や設置スペースなど)」「心情的な合理性(いや、嫌い、遠慮など)」に変わるだけです。

前述した小売業が力を入れているPB(プライベートブランド)商品について、消費財メーカーは、「自社の商品を買っていれば良いものを、わざわざリスクを冒してまで売れるかどうかわからないPB商品に手を出すのはバカげている」と思っているかもしれません。

しかし、「他店でも買えるメーカー品を並べていたのでは、わざわざ当店に来る理由がない。メーカー品を並べるだけで差別化するには価格訴求できないし、利益がとれない」と考える小売業者の考えは、きわめて合理的です。

こうした考えを理解して、日清食品やサッポロビールは2012年から、小売業へのPB商品を製造することになりました。

こうした動きは、顧客志向にもとづくものとして、ドラッカーは評価してくれるでしょう。実際、OEM（相手先ブランドによる生産）による強み（製造力）の活用も、ドラッカーの教えの中に入っています。

このような形で、顧客の新たな要望に、自社の強みで応えるところにイノベーションのチャンスがあるのです。

第8章 イノベーションに関する企業の課題

1 既存の企業の場合

(1)イノベーションを起こすうえで不足しているもの

既存の事業は、すでにマネジメント(経営)の仕組みは持っていますが、イノベーションの仕組みを持っていません。創業から期間が経ちすぎ、いつしかイノベーションの精神と仕組みをどこかに置き忘れてきたのでしょう。しかし、イノベーションを特別のことではなく日常的なものとする社風を持たないかぎり、大きな経営環境が起こっている今日を乗り切ることはできません。

たとえば、インターネットやIT業界などはイノベーションが当たり前になっていますが、生命保険業界などは、ちょっと考えただけではイノベーションに関係なさそうに思えます。しかし、ライフネット生命などは、営業パーソンをまったく使わないインターネット専業の仕組みで、人件費分のコストを安くした保険料を打ち出し急激に伸びています。これは10数年前に証券業界で松井証券がやって業績を伸ばしたのとまったく同じ状況になっています。また、損害保険業界でも、まったく同じ方法でソニー損保やアクサ損保が業績を伸ばしています。

これに対して、既存の生命保険・損害保険の会社は、「人的なきめ細やかな対応力」で対応しようとしていますが、要は、インターネット販売に進出しても、依然として人的な営業が中心ですから、中心となるビジネス・モデルを崩すことになるので、インターネットでの保険料の値引きはできません。つまり、インターネット販売では競争の優位性が出せないのです。

このような理由から、イノベーションに対応できない既存の大企業を尻目に、イノベーションでビジネス・モデルを変えた新規参入企業が無競争の状態を手に入れることができるのです。

だからと言って、大企業がイノベーションを起こせない、あるいは、イノベーションに向いていないということではありません。現に東レや帝人、日産自動車、日本航空、富士フイルムは、イノベーションを起こして、きびしい状況を乗り越えています。

(2) イノベーションの方針を打ち出す

イノベーションが起こせるかどうかを左右するのは、企業規模の問題ではなく、経営者の姿勢の問題です。経営者が本気で起こすつもりになれば大企業でもイノベーションを起こすことができます。しかし、経営者が口先だけでイノベーションと言っているだけであれば、零細企業でもイノベーションは起こせません。つまり、イノベーションは姿勢の問題でもあり、仕組みの問題でもあるのです。なお、姿勢は行動にあらわれますので、結局は、イノベーションの仕組みを持つかどうかが問題になってきます。

◆体系的な廃棄の仕組みを持つこと

イノベーションを起こすには、勢いを失った商品・仕事の工程・技術・市場・流通チャネルを一定のルール（たとえば、時間、効率、売上高、利益率など）にもとづいて廃棄する（捨てる、更新する、入れ替える、増強する）ことです。

もっと単純に言えば、たとえば、「この商品・この市場に進出していないとして、これから新たに進出するか？」と自問自答すればよいのです。もし「NO」ならば、魅力がない商品や市場なので撤退することです。そうして、「どうすれば、この商品、この市場が生産的になるか？」「生産的にならないならば、何を代わりにやるか？」と続けて自問すべきです。

人の習性として、目の前に慣れたものがあれば、たとえそれが劣ったものになったとしても使おうとします。つまり、ゆでガエル状態になるのです。ですから、あらかじめ一定の基準を決め、その基準を下回ったものを排除する仕組みをつくっておくのです。そうすることで、嫌でも新しいものに取り組まなくてはいけない仕事環境をつくることができます。

◆すべての商品・サービス・市場・販売網・技術に寿命があると認識すること

どんなにすばらしいものでも、やがて劣化するし、代わりのもっと良い方法が出てくるということを認識することです。あらゆる年寄りが「昔はよかった」「あの頃はすごかった」「それに比べて、今どきの若い者は……」と言います。

しかし、スポーツの世界では、その今どきの若い人が、すごかった昔の人たちの記録を次々と更新しています。たとえば、体操では、30年前の金メダリストの技術では、メダルどころか、オリンピックの代表にすら選ばれることはないでしょう。陸上の100メートル走の記録でも、当時の金メダリストの記録では、入賞できるかどうかのレベルです。

これは、ビジネスの世界でも同様です。昔よかったのは、その頃の環境にマッチしていたからであって、それ自体を取り出して評価できるものではありません。つまり、仕事環境が変われば、すべてのものに寿命がくるというわけです。

◆具体的なイノベーションの「領域」と「レベル」と「量」を明らかにする

今は、さまざまな経営手法が開発されていますので、現在の商品や設備などが、どのくらいのスピードで劣化していくかを測定することが可能になっています。したがって、その代替するものを開発または導入するタイミングも知ることができます。

しかし、イノベーションの努力をしたからといって、それが100%成功するわけではありません。すると、少なくとも必要なイノベーションの3倍は努力しなければならないことになります。この「3倍の努力」というのはドラッカーの表現なのですが、それは、成功の比率（ヒット率）が、良くてもその程度のものということでしょう。それでも必要な時期までに、必要なイノベーションが間に合うかどうかわかりません。つまり、イノベーションの努力は、あくまでも予防措置にすぎないのです。

◆既存のものの体系的な廃棄計画をつくる

生産性が悪くなったものでも、それがあれば、それにしがみつくのが人の習性です。ですから、一定の基準を設定（たとえば、利益率、販売量など）し、その基準に照らして生産性が悪くなったものを計画的に廃棄しなければ、イノベーションに取り組む組織風土が醸成できません。

ですから、イノベーションの目標と期限を盛り込んだ計画を立てるときには、同時に廃棄するものも計画に盛り込むことです。また、その計画の中には、必ずどのような能力を持つ人が、何人必要かも盛り込むことです。それは、計画を実行するのは人だからです。

(3)イノベーションを実践する

◆管理者の関心を「チャンス」に集中させること

人は、目の前に出されたものには目が届きます。反対に、見えないものは後回しにしたり、見過ごしたりするものです。そして、たいていの場合、管理者の目の前にあるのはチャンスではなく問題点です。とくに、業績が目標に達していない分野の問題点です。

つまり、チャンスの情報が管理者にまで達していないのです。このような状態をなくすために、会議や報告書の第一のテーマは「チャンス」にすることです。会議や報告書で、最初にチャンスを話題にしたり、書くようになったりすれば、必然的にチャンスと思われる事柄に触れることになり、結果的にチャンスに目が向くようになります。

そして、チャンスに目を向け、チャンスに集中するようになると、問題に取り組むよりもコスト・パフォーマンスが良くなります。なぜならば、問題を解決しても元の状況に戻るだけですが、チャンスをものにすると青天井に業績を伸ばす可能性があるからです。

もちろん、問題を放置すればたいへんなことになります。しかし、問題だけに目を向ける経営では、例外なく好業績を期待することはできません。問題とは、過去の意思決定による行動で発生したものです。つまりは、過去の尻拭いというわけです。当然のことですが、ドラッカーだけでなく、私自身も過去の尻拭いだけで成長した企業を見たことがありません。

また、うまくいっていることを、さらにうまくやらなければ、競争相手につけ入る隙を与えるだけになってしまいます。というのも、自社がうまくいっている事業や商品は、他社にとっても魅力的なことが多いからです。そうした事業や商品であればあるほど、他社が追随してこないように圧倒的な強さにして、独自化のレベルまで高める努力をしましょう。

◆イノベーションの成功を社内で共有する

イノベーションの風土を社内に定着させるためには、イノベーションで成功した人に、管理者会議などの席で発表させることです。これは、発表の中身よりも、イノベーションに対する認識を高めるためです。

イノベーションを当たり前とする企業が求めているのは、新しいやり方で仕事をする人たちや部署です。そのために、「出席した人たちに、①成功をもたらしてくれるように何をしているか？　②自分がやっていて、他の人がやっていないものは何か？　③他の人がやっていて、自分が避けているものは何か？　を問いかけなさい」とドラッカーは言っています。

◆経営トップ自ら若い人たちに働きかける

年に数回は、部門を越えて若い人たちを集め、トップが何に関心を持っているかを話す機会をつくることです。反対に、会社の方針や業界などについて感じていること、疑問に思っていることとなどを質問できる機会を設けてください。

このような中で、若い人が提案したことについては、本人に企画させます。このようにして、若い人たちのイノベーションへの関心と実行力を高めていくのです。

◆イノベーションを評価する仕組みをつくる

ほとんどの会社には、評価制度のなかにイノベーションそのものを評価する項目がありません。しかし、ドラッカーは「人は評価されるとおりに行動する」と言っています。ですから、イノベーションを推進したいのであれば、イノベーションを評価する仕組みをつくらなければ、イノベーションを起こそうとする人は出てきません。

新しいもの、新しいやり方にチャレンジすると、一度でうまくいくことは、まず、ありません。チャレンジには失敗がつきものです。「既存の仕事」や「やり方」と同じような努力をしても、新しいやり方では同じ成果を出せません。ですから、イノベーションに関する仕事の評価基準を、既存の仕事の評価基準と同じにするのは、明らかにまちがいです。

ドラッカーが興味深い事例をあげています。ある企業の研究開発部門で、基礎研究を奨励していました。そこで、ある人が将来有望な研究成果を出しました。しかし、その期の業績に反映する小さな商品開発をした人にはボーナスがたくさん支給されたのに、その人のボーナスには反映されませんでした。会社の評価制度は、当期の利益に反映することが高額なボーナスの条件だったのです。その人は、「会社に裏切られた」と怒って会社を辞めました。また、すぐに他の有望な若手の数人も会社が信用できないからと辞めていきました。やがて優秀な研究者が次々と辞めていき、優秀な研究者がいない企業となり、業績も落ちていったということです。

2 ベンチャー企業の場合

(1)イノベーションを起こすうえで不足しているもの

ベンチャー企業も体系的なイノベーションの起こし方を学ばなければなりませんが、それ以上にマネジメントを学ばなければなりません。既存の企業においては、「既存」ということがイノベーションの妨げになります。これに対してベンチャー企業では、「仕組みがない」、つまり「マネジメントができていない」ということが、イノベーションを推進するうえでの妨げになります。

そうしたベンチャー企業に必要な要素が4つあります。それは、①市場志向、②財務の見通し、③トップマネジメントチーム、④成功を収めてからの創業者自身の身の振り方、です。

◆市場志向

ベンチャー企業の商品は、当初の使用目的とは違う使われ方をし、考えもしなかった顧客に買われ想定外の形で成功することがあります。しかし、その想定外の市場にも対応できる体制をとらなければ、他社のために市場を開拓しただけで終わってしまいます。

したがって、ベンチャー企業は、どのような結果が出たとしても、「市場のほうが正しい」として、すぐにその結果をチャンスとして受け入れる「市場志向」でなければならないのです。

あのグーグルでさえ、ネット広告業者になろうと思って、検索機能をはじめたわけではなかったそうです。しかし、それが広告に使えるとわかったときから、意図していなかったにもかかわらず、ネット広告業者としての行動をとりはじめ、またたく間に業界の絶対的なトップに駆け上がりました。

真に新しいものは、だれも予想しなかった使い方、すなわち、新しい市場を生み出します。たとえば、1960年頃に開発されたゼロックスのコピー機は、10年もしないうちにコピー機がないオフィス環境は考えられないほど標準機器の市場に発展しました。

また、私が主宰する経営塾も、企画段階では中小企業の経営者を対象に、ドラッカーの「顧客の創造」を普及する継続学習の塾としてスタートさせました。ところが、ふたを開けてみると、経営者のなかには自社の社員もいっしょに入塾させて勉強させる人が出てきました。中には、14人しかいないデザイン会社で社長以下6人が入塾している企業、24人の製造業で8人入塾している企業もあります。また、社長自身は入塾せず、後継者だけ入塾させる企業もあります。これはまったく想定外のことでした。

こうした状況を「自分の意図したものと違う」と無視していたら、塾生はもっと少ないままだったでしょう。

◆財務の見通し

ベンチャー企業が、起業して最初の関門である「市場志向」をクリアして急成長期に入ると、次の危機が待ち構えています。それは、財務の問題です。企業が成長するときは、出費が先にきて、入金は後になります。企業の成長が急であるということは、その分だけ仕入れや設備投資、人の雇用などで出費が増えるということです。

この段階では、決算は発生主義を取るため帳簿上の利益はたくさん計上されます。しかし、設備投資の回収は数年かかりますし、売掛金の回収も2カ月程度はかかります。会計年度を越えると税金の支払いもやってきます。そのため利益は出ても資金繰り（キャッシュフロー）はマイナスという状況になるのです。

そうなる前に、財務の見通しが立たなければ資金がショートしてしまいます。また、動かすお金の額も大きくなるので、財務や経理の専門家も必要になってきます。専門家がいなければ、①現金がなくて資金繰りができない、②規模拡張の資金を手当てできない、③債権や在庫を管理するノウハウがない、④不正が起こってもチェックできない状態に陥り、経営は内部から破綻していきます。

◆トップマネジメントチーム

さらに規模が大きくなると、次なる危機に遭遇します。それは、「社長1人では経営できない」という危機です。1つのことに秀でるのもたいへんなのに、経営者にはいくつもの顔が必要になります。ですから、経営はチームで行なうようにならなければ、企業は経営者個人の能力以上には成長できません。

しかも、経営はシステムですから、システムの一番弱い部分がその企業の能力（業績）を決定づけます。つまり、社長の弱みが企業の成長の限界になります。そうならないためにも、チームで経営する必要がでてくるのです。

◆創業者自身の身の振り方

市場志向を持ち、財務の見通しを立て、チームで経営をするようになったことで、会社はさらに大きく成長しました。ここで社長は考えます。「自分は何をしたいのか？」と。「そもそも、これがまちがいのはじまりだ」とドラッカーは言っています。やりたいことをやったのでは、会社は潰れてしまいます。やりたいことをやるのは趣味の世界です。

正しい自問は「今後の経営のため、客観的に見て、会社として何をやらなければならないか？」でなければなりません。そして「これらの必要事項のなかで、自分は何に貢献できるか？」と続けて自問しなければなりません。貢献できるものを見つけたら、それに徹することです。

たとえば、マクドナルドの創業者であるレイ・クロックは、自分の役割を「マーケティングの良心」と位置づけました。そうして、経営は人に任せて、毎週数店舗を回りながら、品質・清潔さ・接客などをきめ細かくチェックしました。とくに顧客を大切にし、よく観察し、話しかけ、顧客の声に耳を傾けました。また、ホンダの創業者である本田宗一郎さんも、財務と販売は藤沢武夫さんに任せ、自分自身は技術の追求に専念しました。

「ボトルネック（一番の弱み）は、ボトルのトップ（社長）にある」というのがドラッカーの見解です。社長が自社のネックにならないように配慮するのが、一番の貢献になるのかもしれません。

（2）社外のアドバイザーを入れる

自分自身で、自分を客観的に評価し、決断を下すというのは至難の業です。また、チームで経営するようにしたからといって、他の役員が客観的な意見を社長に言えるわけでもありません。そもそも他の役員も当事者であり、客観的に自社を見ることなどできないのです。そのうえ、自分の人事権を持つ社長の不利になる意見を言える人は、ほとんどいません。このような現実が、外部のアドバイザーの必要性を物語っています。

市場志向、財務の見通し、チームによる経営、経営者自身の身の振り方を、客観的に評価し、率直に意見し、あるときは決断を迫る人を社外に求めることが、社長自身がボトルネックにならないための最善の方法です。

PART
3

事例でわかるイノベーションを起こす着眼点

A CHANCE OF INNOVATION

第9章

イノベーションの7つのチャンス

イノベーションは、新しいもの、これまでやったことがないものにチャレンジすることですから、当然のことながらリスクは発生します。しかし、そのリスクは「負わなければならないリスク」です。少子高齢化などで国内市場が縮小傾向（売上げの減少）にあるなかで、イノベーションのリスクを負わないで経営の最適化を図ろうとすれば、縮小均衡しかありません。仮に、既存の市場で利益を伴う売上をあげようとしても、何らかのイノベーションが必要になるからです。

市場の収縮がとまればよいのですが、とまらなければ縮小均衡が続き、やがて限界がきて倒産または廃業となってしまいます。それは、イノベーションに伴うリスクよりも、確実で大きなリスクになります。なお、市場の縮小もイノベーションがなければ確実に続きます。

このように考えると、これまで述べてきたイノベーションの考え方、方法を元にイノベーションに取り組むほうが、最もリスクが少ない経営だと言えるのです。とは言え、頭でわかっても、未知の世界に踏み込む恐怖心や不安感がなくなるわけではありません。そこでイノベーションに取り組み、成功した企業の事例を集めてみました。

もちろん、成功事例を知ったからと言って、イノベーションの成功を約束できるわけではありません。しかし、イノベーションに取り組む勇気はもらえるはずです。

そもそもイノベーションに取り組むことにリスクを伴うのは、「イノベーションに取り組む人たちの多くが、やるべきことも知らずに、無鉄砲に行動しているからだ」とドラッカーは言っています。また、「方法論も持っておらず、きわめて初歩的かつ周知の原則を知らないからである」と続けています。

本書で、その方法論と初歩的かつ周知の原則を知ることができました。あとは、一歩を踏み出す勇気さえあれば、イノベーションに取り組むことができます。

ということでPART3では、「PART1第2章 これがドラッカーのイノベーションだ」でご紹介した、イノベーションのチャンスの見つけ方(47〜63ページ)と、ドラッカーの言う業績をあげる3つの領域でマトリクスをつくり、それぞれの成功事例を紹介していきます。

なお、ドラッカーは業績をあげる領域を「市場」「商品」「流通チャネル」としていますが、わかりやすくするために「売り先」「売るモノ」「売り方」に表現を変え、「売り先」には市場だけではなく顧客を、「売るモノ」に商品にサービスを、「売り方」には流通チャネルだけでなく、営業方法を加えています。

第10章

想定外のチャンスを生かしたイノベーション

さて、いよいよ事例ですが、ドラッカーの最大の特長は現実的なことです。イノベーションのチャンスでも、その紹介は、最もイノベーションを起こしやすく、かつ、コスト・パフォーマンスが良いものから順に並べています。そこで、本書も、それに従って紹介していくことにします。

その第一が「想定外のチャンス」です。想定外とは、それまで考えていなかった変化が起こるということです。しかも、その変化は具体的であり、これまで「売れるはずがない！」と考えていたものが売れたり、反対に、「絶対に売れる！」と確信を持っていたものが売れなくなったりします。

これらのすべてが市場の変化を教えてくれます。つまり、想定外の出来事がイノベーションの必要性を教えてくれているのです。

1 売り先（市場・顧客）を変えた事例

事例

想定外のチャンスで売り先どころか事業そのものを変えた事例があります。しかも、その想定外のことは自社で起こったことではなく、取引先で起こっていることに着目したものでした。

今日では世界的な企業に成長しているマクドナルドの創業者レイ・クロックは、ミルクセーキの道具を販売していました。あるとき、カリフォルニアの、ある小さなハンバーガー店が、立地や店の大きさから考えられないほど原料を買ってくれることに気づきました。

その店を調べたところ、その店の老店主が店の経営をきわめて合理化していたのです。そこで、ビジネスの可能性を感じたクロックは、その店のすべてを買い取り、その店の運用ノウハウを元に、ミルクセーキ関連の販売事業をやめてハンバーガー店のチェーン展開に切り替えたのです。

買収されたカリフォルニアの小さなハンバーガー店にとって、合理的な店舗運営は当たり前でも、外部から見れば想定外の成功を収めていたのでした。

また、デュポンは、１３０年にわたって火薬のメーカーとして確固たる地位を築いていました。そのような同社で1929年のある週末に、研究助手がバーナーの火を消し忘れて帰ったことから想定外の成功がありました。同社の成長の躍進のきっかけとなったナイロンの元になるポリマーが繊維状に凝結していたのです。研究を担当していたウォレス・カロザーズはそれを見逃さず、新商品開発に結びつけました。

ここでポイントになるのは、デュポンで起こったバーナーの消し忘れによる同様な結果は、他の企業でもくり返し起こっていたということです。しかし、それらの企業では、そうした偶然（想定外）に起こったことに注目しませんでした。

また、ペニシリン（抗生物質）の発見も想定外の出来事から起こったことでした。生物学者たちは、抗生物質の開発のために、まず、細菌を培養しなければなりませんでした。しかし、どんなに注意深く培養しようとしても、いつもアオカビが発生して細菌を殺してしまうのでした。そのようなことが、何年も続きました。それでも研究者たちは、抗生物質の開発に必要な細菌の培養研究を続けていたのです。

そうしたくり返しのなかで、ただ1人、アレクサンダー・フレミングだけが、「自分たちが求めているのは、そのアオカビだった」と気づきました。これも想定外のことでした。それから10年以上の研究を重ねてペニシリンは商品化することができました。

以上、マクドナルド、デュポン、ペニシリンの3つの事例は、私たちの周りでも頻繁に起こっているはずです。ですから私たちも、自社、他社の想定外の成功や失敗を、問題意識を持って注目していると、イノベーションのチャンスにつなげることができるのです。

そのために必要なことは、既成概念・固定観念に縛られないことです。ものごとを素直に見られるようになると、イノベーションのネタは、どこにでも転がっています。

事例

若者のアルコール離れが進み、発泡酒など「三つのロー化」（ローアルコール化、ロープライス化、消費者の高齢化）が進むなかで、大手、中小を問わず、多くの酒造メーカーが苦戦を強いられています。

そうしたなかで、最も特徴がないとされる甲類焼酎を製造販売している中小酒造メーカーの宮崎本店は、業績を伸ばしています。

同社が製造する甲類焼酎は、無味無臭で癖がないのですが、その分、芋焼酎や麦焼酎などの特長を出せる乙類焼酎と違い、銘柄指定で飲む人はほとんどいません。つまり、レモンで味付けしたり、梅干で味付けしたりして飲む、ブレンド用の焼酎なのです。ですから、自社の商品を、差別化できないものだと決めつけていました。

ところが、あることをきっかけに、「顧客はだれか？」を考えるようになりました。当然のことながら顧客は、「20歳以上のお酒を飲む人」でした。しかし、「顧客はだれか？」と考えたことさえなかった同社にとって、この質問は新鮮でした。

よく調べてみると、同社の商品（銘柄はキンミヤ）は東京の下町で飲まれていました。その理由として、仕込みに使う水がミネラル分の少ない超軟水のため、ブレンドする素材と混ざりやすく、おいしく飲めるということでした。

差別化などできないと思い込んでいた同社にとって、これは想定外のこと（強み）でした。そこで、顧客（対象市場）を「20歳以上のお酒を飲む人」から、「キンミヤのおいしさがわかる、飲み方にこだわりを持った熱烈なファン」に変えたのです。つまり、「顧客を絞り込んだ」のです。

それに合わせて、大型容器で販売していたものを小瓶に変更しました。居酒屋で店員がブレンドして顧客に出すと差別化ができません。小瓶にすることで顧客自身がブレンドすることになり、指名してもらえるようになります。また、そのほうが、居酒屋のほうも単価アップが図れ、「ウィン・ウィン」の関係になれます。

また、こうした販売方法を定着させるために、卸売業にも「利幅が良い」「売りやすい」「○○とセットで売ると単価が上がる」と提案営業を進めました。すると、少しずつですが、売上げが伸びていきました。酒類問屋も安売りはしたくなかったのです。

そうした努力をしても新しいビジネス・モデルが定着するまでには5～6年かかりました。その間、大型容器の売上げは伸びませんでしたので、経営はたいへんでした。しかし、従来の販売方法では、業績向上が見込めませんでしたので、進むより選択肢はなかったのです。現在では、年間300～400件の新規のキンミヤの取扱店が増え続けているということです。それにともない、2%だった利益率が7%にまで上昇しました。

2 売るモノ（商品・サービス）を変えた事例

事例

市場の変化は、いつの時代も起きています。それをうまくチャンスにできたところだけが、次の世代に移行することができます。これは古今東西、業種を問いません。今日のデパート業界も市場の変化への対応に苦心していますが、1950年代のアメリカでも同様でした。

その頃のブルーミングデイルは、ファッション商品中心のデパートでした。しかし、売上げ構成に変化が現れ、家具の売上げが伸びていたのです。これは想定外の出来事でした。しかし、同社は、「正しいのは顧客のニーズ」として、ファッションに固執せず、家具中心のデパートに変えました。その後、家電商品の売上げが伸びたときにも、家電中心の販売に切り替えました。つまり、ファッションという市場から、家具市場、家電市場に、市場の変化に合わせて、メインになる売り先（市場）を変えていったのです。

ファッション中心だった頃の同社はニューヨークで売上高4番目のデパートでした。その同社が想定外の変化に迅速に対応し続けたおかげで、その後は売上高2位にまで躍進しました。

これとは反対に、業界トップだったメイシーデパートは、かつてないほどに家電商品が想定外に伸びたことに混乱し、「デパートはファッション商品が中心でなければならない」という従来の考えに固執して、ファッション商品中心の品揃えに終始しました。その結果、1970年に経営陣が交代するまで、長期低迷することになりました。

人は、長い間続いてきたものを「正常」と思い込むクセがあります。そうすると、変化が起こったときに、その状況を「異常」ととらえたり、「秩序を乱すもの」として拒否することになります。生き残るためには、経営環境が求めることを死にものぐるいでやり抜くことです。

事例

「企業が売りたいモノと顧客が買いたいモノが違う」ときは、「顧客の買いたいモノに合わせる」のが経営の鉄則です。それは、事業目的や価値観から逸脱しないかぎり徹底しなければなりません。

北九州市門司区に門司港レトロという観光地&商業集積があります。そこに「じじや」という干物を販売する店があります。同店は、近海（玄界灘）でとれる産地ブランドの魚を使った干物を販売していました。ところが「お客様アンケート」ハガキで寄せられるコメントにびっくり。なんと、産地ブランドの近海物の干物より、「ノルウェー産の魚でつくった干物のほうが、脂が乗っていておいしい」という意見が多く寄せられたのです。これは想定外の回答でした。

これを受け、同社は、産地ブランドが売れると思い込んで近海物中心に品ぞろえをしていたものを、この「お客様アンケート」の声に従い、ノルウェー産を中心にした品ぞろえに切り替え、徹底的に売り込もうと決心しました。そのため、店頭でも産地を表示し、試食で近海物と比較できるようにしたところ、多くの顧客が、納得してノルウェー産のほうを買っていくようになったのです。

こうして同社は、関門海峡の門司港レトロに店舗を持ちながら、「ノルウェー産の霜降りアジ」を売る差別化された干物屋になることができました。

3 売り方（営業・流通チャネル）を変えた事例

事例

ときとして、流通チャネルは商品の売れ行きを大きく左右することがあります。それは、商品の特性とマッチしていないからです。ドラッカーにその事例があります。

ある家庭用の消耗品を製造しているメーカーが、2カ月ほどで消費されるある商品をつくりました。その商品はアフターサービスを必要としているため、専門店で売らなければならないと考え、家具店で売ることにしました。

商品も良く、販促も順調で、かつ取り扱ってくれる家具店でも優秀な店員を担当にしてくれ、陳列にも力を入れてくれました。しかし、売上げは低迷しました。2カ月で消費される商品は、耐久消費財である家具店での販売は不向きだったのです。これは想定外の失敗でした。

その結果を受け入れた同社は流通チャネルを再検討した結果、消耗品はスーパーやショッピングセンター、ホームセンターなど、大衆が買い物をする流通チャネルでなければ売れないことがわかってきました。そこでアフターサービスを不要にするように商品を設計し直し、大量販売が可能な小売業で販売するようになり、売上げも伸びていったということです。

流通チャネルとは、顧客に到達するためのルートです。顧客の購買行動と商品特性があった流通チャネルを選択しないと、せっかくの良品も顧客に到達することができません。

事例

差別化できるセールスポイントを打ち出せなければ、自分たちではどのように良い商品と思っていても、顧客は買いようがありません。しかし、きびしい競争環境のなかで売上げ（既存客）があるかぎり、何らかの強みは必ずあるはずです。

売上げの伸び悩みに困っていた司技研の強みは、「スピーディ＆フレキシブル」でした。同社は、試作用の金型をつくっています。同業他社は鋳型《いがた》でつくっているのですが、同社は複雑な金型も「削り」でつくれる技術を持っています。鋳型をつくる工程がない分、納期も早いです。急いでいる顧客には3日で、商品によっては当日納品できることもあるといいます。

ところが、同社にとって、そのような納期は当たり前であって、セールスポイントにできるとは思ってもいませんでした。同社にとって想定外の強みだったのです。

しかし、早ければ1日で納品できる商品もあるのですが、急いでも1週間かかるものもありました。そこで、短納期がセールスポイントとわかった同社は、とりあえずホームページに「試作特急サービス　3DAY　最短3日で納品します！」と打ち出すことにしました。その結果、今では短納期の売上げが半分以上を占めるようになり、主要顧客であり、コストにきびしい自動車関連メーカーからの値引き要求もないとのことです。

多くの企業が売上げ減に苦しんでいますが、それはセールスポイントを打ち出せていないからです。「自社には打ち出せるセールスポイントなどない」と考える前に、「既存の顧客は、なぜ、自社で買ってくれるのだろう？」と考えることです。そして、その答えを自分たちで出すのではなく、買ってくれている顧客に、直接、聞いてみることです。顧客が教えてくれた「買ってくれる理由が自社のセールスポイント」です。同じ理由で買いたい非顧客もいるはずです。それをホームページなどでアピールするのです。

第11章 ギャップを生かしたイノベーション

「本来はこうあるべきだ。しかし、現実はその状態にない。そのような状況はどこにでもある。そのニーズはすでに発生しているため対応も可能だ」というのが、2番目に起こしやすいイノベーションのチャンスだとドラッカーは教えてくれます。それが本章の「ギャップ」です。

1 売り先（市場・顧客）を変えた事例

事例

ひと昔前までの「喫茶店」とは、「コーヒーをすすりながら、たばこをくゆらせてくつろぐ」というイメージでしょうか。ですから、たばこ嫌いな私は喫茶店には行きませんでした。禁煙の喫茶店がなかったからです。行きたくても行けるところがない。これは需要と供給のギャップ以外の何物でもありません。

こうした喫茶店の常識を破ったのがスターバックスです。同社が展開する店舗は、①全面禁煙、②通りに面したオープンテラス、③落ち着いた雰囲気、が特長です。

同社が店舗展開しだしたのは1970年代ですから、当時はまだ禁煙や分煙の意識がほとんどありませんでした。そうしたなかで全面禁煙にするのは、喫茶店に入る可能性がある人の70％くらいに「来店するな！」と言っているようなものです。つまり、70％の人に嫌われるような喫茶店にしたのです。

しかも、くつろいだ雰囲気は店舗だけでできるわけではありません。来店する顧客がつくり出す雰囲気も重要な要素になります。そのため、同店ではレジで2～3分待たされます。これで忙しい人は逃げていきます。つまり、来店可能な人の30％のうち、さらに忙しい人のなかの40％にも嫌われる喫茶店なのです。そうすると、同店の市場は、喫茶店を利用する人のうち20％弱くらいを対象にした店ということと考えることができます。そのかわり、たばこを吸わない人が、ゆっくりくつろぎたいときには最高の喫茶店になります。

同店は、既存の喫茶店とは違う市場をねらったのでした。現在、先進諸国の喫煙率は下がる一方ですので、同店の経営環境は好転していると言えるでしょう。とは言え、まだまだニッチ市場です。これが差別化にもつながっているのです。

なぜかと言うと、たとえば、国内での売上げではドトールコーヒーのほうが上です。しかし、ドトールコーヒーは、たばこを吸う人も忙しい人も対象顧客ですから、スターバックスのマネをすることができません。仮に、全面禁煙・ゆったり型にすると、対象顧客の半分近くが逃げていくことでしょう。せいぜい、不完全な分煙がいいところです。このような理由で、スターバックスは、独自の市場を切り開き、その地位を確立しているのです。

■事例

音楽教室の業界は、少子化のあおりを受けて生徒数が減少しています。

そのような成熟産業から斜陽産業に転換していると思われる音楽教室に新しいコンセプトで参入したEYS-STYLEという会社があります。

一般の音楽教室はヤマハ、ローランド、カワイなどの楽器メーカーが、楽器を販売（普及）するための手段として展開しています。そうした音楽教室では、レッスンの成果を「音楽発表会」などで披露できます。

ところが、EYS-STYLEは、「バンドをやろう」が目的の音楽教室です。上達するかどうかは二の次で、バンドをして楽しむための音楽教室です。ですから、ヤマハなどに比べて生徒の比率は圧倒的に大人が多いのです。それまで、バンドをやりたいけれど、それに対応してくれるところがほとんどありませんでした。同社は、そこに目をつけたのです。

スターバックスの差別化

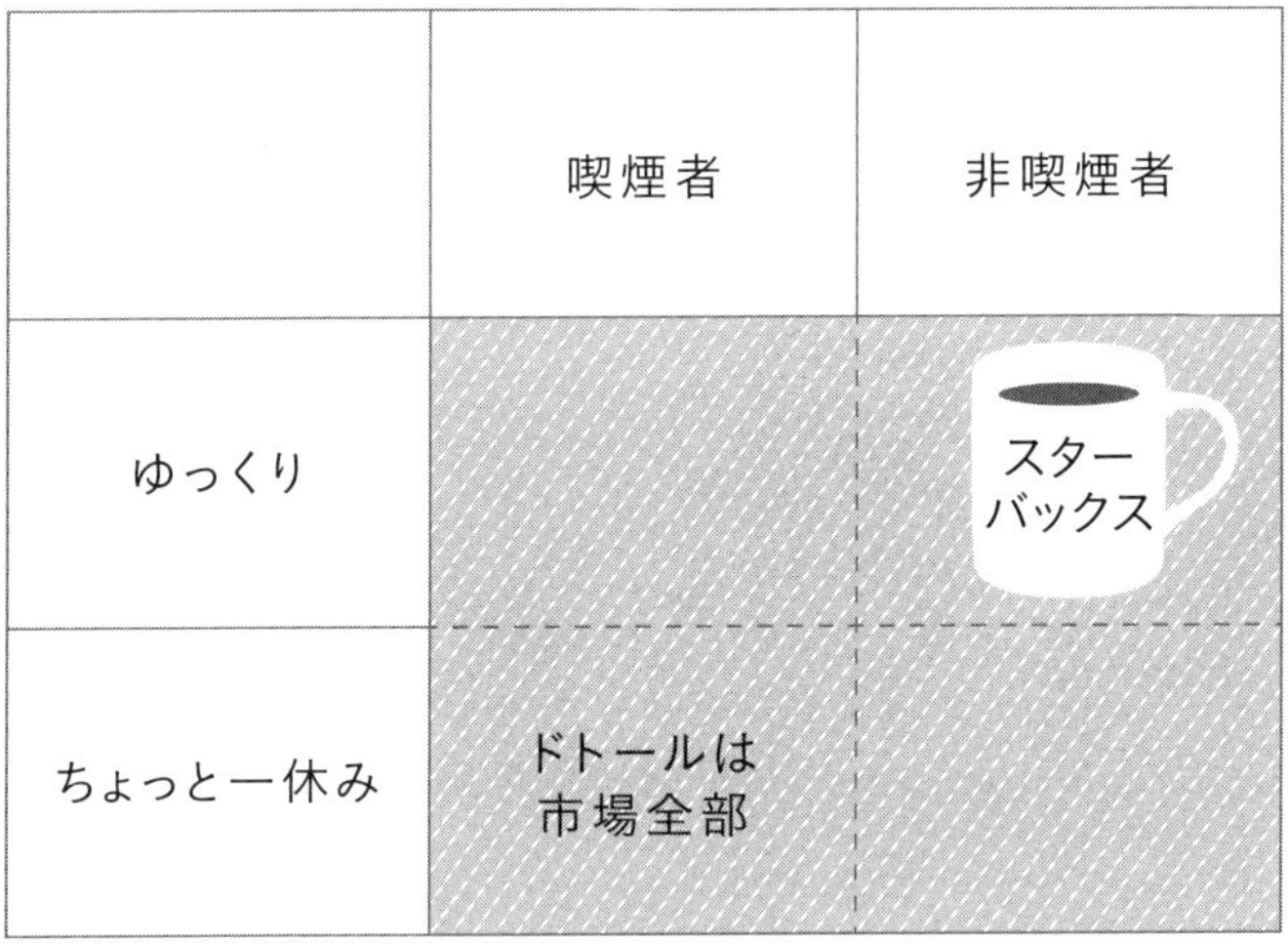

もちろん、バンドのステージに立つために、生徒は一生懸命に練習します。最短6カ月でステージに立てますので、練習にも身が入ります。したがって、上達もはやくなります。

また、同社の特長として、レッスンとは別に、バンドサービスというのもあります。バンドをするためのメンバーを紹介したり、企画をサポートしたりするサービスです。このサービスがあるので、生徒は上達しても同社の顧客であり続けます。

さらに、はじめに楽器の無料プレゼントがあります。これは生徒にとって、とても魅力的なサービスです。楽器を売ることが目的の、楽器メーカー主導の他の音楽教室では絶対にマネできない差別化されたサービスです。こうしたことで生徒は増え続けています。

楽器を無料でプレゼントしたからといって、とくに問題はありません。広告宣伝費、販売促進費と思えばよいのです。新聞やテレビに広告を出したと思えば安いものです。実際、そうしたことが話題になって雑誌や新聞、テレビに取り上げられていますので、費用対効果はバツグンでしょう。

同社は、「楽器を練習する音楽教室」から、「バンドをするための音楽教室」に市場を変えました。成熟したと思われる市場でも、事業の目的（定義）をズラせば、新しい市場を開拓することができる良い見本です。

2 売るモノ（商品・サービス）を変えた事例

事例

前述したように、製鉄所の高炉は非常に生産性が悪いものの代表として数えられています。最も「エネルギーを消費するものは何か？」を考えた場合、一般的には「加熱」と「上下動」でしょう。これを両方とも兼ね備えているのが高炉です。

世界中の製鉄所が、この加熱について、どうしたら「狭い範囲」「低温」「短時間」にできるかの課題に取り組んでいます。つまり、この3つが加熱を必要とする業界でコスト削減のキーワードになっているのです。

こうしたなかで、神戸製鋼所が巨大な高炉で原料を溶かす従来の工法と比べて48分の1に時間短縮する方法を開発しました。つまり、従来の工法では8時間かかっていたものを10分に縮めたのです。これにより、質の悪い原料も使えるようになりました。また、二酸化炭素の排出量も高炉より20％削減できます。こうした画期的な工法ですから世界の製鉄所が関心を示しています。

同社は鉄を製造して販売する会社なので、この製法で製造すれば20％のコストダウンが図られるにもかかわらず、製法そのものをライセンス販売することにしました。つまり、売るモノを変えたのです。普通の鉄はすでに市況品（差別化ができない商品）となっており、相場によって価格が変わります。しかし、トップレベルの技術に関するライセンス料にはライバルがいません。ですから、一定の利益幅が確保できます。

技術を磨いて商品力を高めるのも良し、技術そのものを売るビジネスに進出しても良しというわけです。

事例

ホテルは、何を売っているのでしょうか？ 結婚式の会場を提供したり、会議の場を提供したり、パーティ会場を提供したり、ときとしてディナーショーを販売したりしています。でも基本的には宿泊を売っています。こうしたホテルですが、シティホテルは部屋の広さや豪華さを、観光地の旅館は温泉や食事を売っています。

では、ビジネス・ホテルは何を売っているのでしょうか？　価格の安さでしょうか？　それとも……その特長を打ち出せないビジネス・ホテルは、低価格を売るしかありません。そうすると、ますます設備やサービスが低下し、さらなる値引きの悪循環に陥ってしまいます。

普通のビジネスパーソンの出張は、遅めにホテルにチェックインして、朝一番で出かけるというのが一般的でしょう。つまり、パソコンで仕事ができる環境と、ぐっすり眠れる環境がありさえすれば、それでいいのです。ところが、そのニーズだけを満足させてくれるビジネス・ホテルは少ないものです。

そうした過当競争気味のビジネス・ホテル業界で、業績を伸ばしているのがスーパーホテルです。同社は日本経営品質賞を受賞した優良企業でもあります。

同社は宿泊や接客という「あいまいなもの」を売っているのではありません。「安全・清潔で、ぐっすり眠れる環境」という明確な目的を提供（販売）しています。逆に言えば、「安全・清潔で、ぐっすり眠れる環境」以外のものは、いっさい排除しています。

たとえば、夜遅く来て、朝早く出ていくのがビジネスパーソンですので、2階以上の外装には経費はかけません。夜は2階以上の外装は見えませんし、忙しいビジネスパーソンが、朝ホテルを出るときに振り返ってホテルを見ることはないからです。この一般的なビジネス・ホテルとの明らかに違う「売るモノ」の徹底ぶりが同社の好業績を支えているのです。

3 売り方（営業・流通チャネル）を変えた事例

事例

少子高齢化が進む日本では、ペットが家族同然ではなく、家族そのものになっています。ペットを大事にする奥様方は、ダンナの食費を削ってもペットの食費を削ることはありません。ところが、ペットショップのほとんどは、ペットを顧客の家族としてではなく、日本の法律と同じようにモノ（商品）として扱っています。そこがペットの飼い主としては「不満」どころではなく、「許せない」のです。そこにギャップが生じています。ちなみに、日本ではペットを殺すと殺人（殺犬や殺猫?）ではなく器物破損の罪に問われます。

こうしたなかで、飼い主（保護者?）の悩みや要望に丁寧に応えることで業績を伸ばしている企業があります。それが、ペットショップのシュシュ（法人名はグロップ）です。同店の顧客名簿（カルテ）には、名前、犬（猫）種、性別、生年月日などの基本データに加えて、体の大きさ、性格、毛質、アレルギーの有無と種類、去勢や避妊、ペットフードの購入履歴などをデータベース化しています。こうした情報にもとづき、悩み相談に来店した保護者の問題解決手段を提供しているのです。

こうした販売方法が功を奏し、7期連続で増収を実現し、客単価も業界平均の2倍という高い収益性を確保しています。

顧客ニーズをつかみ、それに合った販売方法をとるだけで激戦のペット市場でも差別化が図れ、その結果として業績が向上できるのです。

事例

販売に自信がある人ほど、コンサルティング・セールスをやりたくなります。でも本当は、説明せずに売れるのが一番いいのです。とくに、コンサルティング・セールスは人的要素によって差が生じます。小林製薬の『のどぬ〜る』『熱さまシート』などのように、見ただけ、読んだだけで商品の機能がわかるのが最善のセールスです。ここに売る側の思い込みと買う側のギャップが生じています。

これをアパレル業界で実現したのがバリュープランニング（店舗名はB-Three）です。同社は女性向けストレッチパンツの専門店です。同社の店舗の特長は説明が要らない売り場です。

同社のストレッチパンツの特長は、「よく伸びる」「しわにならない」の2点です。店舗では、腰をかがめたマネキンにストレッチパンツをはかせています。この腰をかがめた状態が、パンツが良く伸びるかどうか最もわかりやすい姿勢だからです。

また、もう1つの特長である「しわにならない」をわかりやすくするために、同社の店頭在庫は、丸い筒状のケースに入れて陳列しています。それだけでは「しわになりにくいかどうか」わからないのですが、持ち帰ってケースを開けて丸めたパンツを伸ばすと、「どこにもしわがない」のです。これで顧客は、2つの特長を実感できます。

同社の社長は、「機能の見える化」を実現したかったそうです。専門家や技術者ほど、自慢気に品質の良さを説明したくなります。でも、顧客にとっての魅力は、見ただけで良さがわかることです。顧客視点の売り方（見せ方）に変えれば、業績は向上します。

第12章

プロセスニーズを生かしたイノベーション

プロセスニーズもまた、具体的なニーズがあるので成功の確率が高いイノベーションのチャンスになります。

ただし、これをチャンスにできるのは、あるプロセスのなかの一部あるいは1カ所が欠落している場合にかぎります。あちらもこちらも欠落だらけの状態ではプロセスニーズとは言えません。チャンスとは、集中するからこそチャンスに変えられるのであって、やるべきことが散見している状況では、事業として取り組むには、失敗のリスクが高くなるからです。

1 売り先（市場・顧客）を変えた事例

事例

デフレ経済が続き低価格化が進んでいます。給料が上がらないどころか下がっています。非正規社員が増え、生活費を切り詰める傾向が強くなるなかで、各社はいかに安い商品を開発し、市場に出すかを競っています。

そうしたなかで、コンビニ各社は、プチ贅沢《ぜいたく》なスイーツなどに力を入れています。バブルの頃のように生活全体で贅沢はできないけれど、がんばった自分へのご褒美に、ちょっとだけ贅沢な気分を味わおうとする市場があるのです。消費者が望む生活プロセスの一部に満たされていないニーズがあったのです。

そのニーズに応えたアイスクリーム業界の一部も、プチ贅沢商品で潤っています。またプチ贅沢市場のニーズに応え、インスタントラーメンの市場も少し活気を取り戻しています。

インスタントラーメンは、一時期は、カップ麺に押されて、市場はピーク時の半分以下にまで縮小していました。しかし、生麺に近い食感を出した東洋水産の『マルちゃん正麺』は高めの価格設定にもかかわらず、1970年代からトップを守ってきた『サッポロ一番』（サンヨー食品）

からトップの座を奪い取りました。インスタントラーメン市場での首位交代は40年ぶりのことでした。

『マルちゃん正麺』のメーカー小売希望価格は5袋入りで500円と、スーパーの特売で200円前後のインスタントラーメンから見れば、かなり割高になっています。それでも、食感にこだわりを持つ中年以上の人が購入しています。

これは、外食が減り、中食も減り、内食中心になった食生活で、本当の贅沢はできない。しかし、少しだけ贅沢したいけれど、贅沢気分を味わえる商品がなかったところの空白（プロセスニーズ）を『マルちゃん正麺』が埋めたのです。

低価格化が永遠に続くように思われている市場でも、小さな変化はあちこちに芽生えています。消費者は、全体として価格志向なのですが、価値に見合った価格を受け入れる人も多いのです。

ビジネスは、「景気が悪いから業績も悪い」などという一般論では語れません。どのような経営環境でも、好業績の企業と業績が低迷する企業があるからです。類似商品でも「質、量、タイミング、ネーミング、販売方法」などによって業績は変わってきます。公式通りにはいきません。それがドラッカーの言う「経営は科学（サイエンス）でもあり、芸術（アート）でもある」ということなのでしょう。

つまり、価格に見合った価値が提供できれば、低価格だけが常に優先されるとはかぎらないのです。現在の市場で売上げが減少したら、「もうダメだ」ではなく、ターゲットを「変えてみる」「絞ってみる」「少しズラしてみる」工夫をしてみてください。それまでとは、違った客層（市場）が見えてきます。

そのためにも、消費者や顧客の動き、変化を良く観察し、顧客同士の会話に耳を傾けることです。そうすれば、きっと変化の兆しが見えてくるはずです。

2 売るモノ（商品・サービス）を変えた事例

事例

携帯電話の外装ケースや車の内装パートなど、さまざまな試作品を、光造形技術を使って製作しているクロスエフェクトという会社があります。この会社の差別化商品は「スピード」です。図面データをもらったら24時間以内で制作できます。ちなみに、同業他社は普通3〜5日かかっています。

「光造形高速便」と名づけたこの超短納期の料金は、同業他社と同じ3〜5日の普通納期の1・5倍です。そのかわり24時間以内に発送できなければ料金はゼロになります。

反対に、納期を10日に延ばした「光造形エコノミー便」は、通常納期の7分の1程度の格安料金になります。このように3段階の料金設定をしたおかげで、顧客には、「使い分けができるので全体のコストが抑えられる」と好評です。同社は、「選べる納期」によって、顧客の仕事のスピードに合わせることで、ニーズに応えられるようになりました。

製造業の多くの企業は、「品質」と「価格」で勝負し、コストに大きな影響を与える「納期（時間）」については無料だと考えているようです。しかし、「顧客が、なぜ、納期を急ぐのか」を考えると、「短納期」が商品になりえることがわかってきます。ただ、その「短納期」を、お金に変える発想がないだけです。

古くから「時は金なり」と言われています。たとえば、人件費などの固定費は、働いていなくても動いていなくても、時間とともにタクシーメーターのようにコストが加算されていきます。そう考えると、時間の短縮が最も商品化しやすいものではないでしょうか。

実際、「スピード」に価格をつけることは、郵便制度では１００年も前から「速達」で実施していました。つまり、「スピード」に対するニーズはそれだけ高いということです。

事例

右から左に口銭をもらって仲介するだけの卸売業の存在感が急速に薄くなっています。単純な情報であればインターネットで収集できますし、中途半端な配送業務では宅配便のほうが上手です。業績低迷では金融機能を発揮できるほど資金的な余裕もありません。品ぞろえ機能を発揮できればまだよいのですが、業績低迷の企業に優先的に独占的な商品をまわしてくれるメーカーも少ないでしょう。

つまり、卸売業の4つの生命線（機能）である①情報収集機能、②集荷分散機能、③金融機能、④品ぞろえ機能がない卸売業が増えているということです。

こうした卸売業に参考になるのが薬品卸のカーディナル・ヘルスです。同社は「フォロー・ザ・ピル（薬の意）」というスローガンをかかげ、自社で販売した薬がどのような状態になっているか追跡調査をしてみました。すると、病院がかかえている問題が次々に浮上してきたのです。たとえば、病院の薬倉庫には、整理されていない在庫が山積みになっていました。また、手術の準備や後片づけに、多忙な看護師が時間を使っていました。

そこで、同社はこうした病院がかかえる問題の解決方法を事業化したのです。たとえば、薬の在庫管理・保管業務の代行サービス、メスなどを執刀医ごとにセットした手術キットの納品サービスなどです。実際、手術キットは私が昨年、看護師を対象にドラッカー研修をした総合病院（看護師300名強）でもニーズはありました。ただ、対応してくれる薬問屋がないということでした。

多くの業種で、モノだけを売って儲かる時代は過ぎ去ってしまいました。有料サービスでもいいから、モノとともにサービスを提供しないと競争には勝てない時代になっています。

卸売業の業務の範囲を、届けた後工程まで組み入れると、まったく違うビジネス・チャンスが発生するのです。

3 売り方（営業・流通チャネル）を変えた事例

事例

スーパーやコンビニは「チェーンストア理論」にもとづいて運営しています。これは原則的に、多地域に分散した店舗で販売する商品を、本部で一括で仕入れて調達コストを引き下げる方法です。

また、各店舗のスタッフも人件費を抑えるために、パートタイマーやアルバイト比率を高めています。それを可能にするのが管理マニュアルの整備と、それにもとづいたマニュアル管理の徹底です。つまり、運営を画一化することで効率的な経営を行なおうとしているのです。

ところが、どのチェーン店でも同じような運営システムですから差別化を打ち出すのが難しくなります。その結果、利益率が下がってきます。

そうした意味では、「売れない仕組みでの効率化は意味がない」とのドラッカーの指摘は、ここでも証明されています。

こうしたスーパーの同業他社とは反対の「個別店舗での分散仕入れ」「高い正社員比率」で好

業績を上げているスーパーがあります。東京都内を中心に35店舗（13年3月現在）を展開するオオゼキです。

同社の店舗は、比較的、高所得者層が多く住む都市部の住宅地の駅前に立地しています。たとえば、東京目黒区の碑文谷や、世田谷区の尾山台、品川区の旗の台などで、店舗周辺の狭い商圏の常連客を対象に「町の御用聞き」というコンセプトで営業しています。

高所得者層というくくりはありますが立地によってニーズは違います。

したがって、同社は、店舗ごとに異なる顧客ニーズに、品ぞろえやサービスなどできめ細かく対応しています。それが高い顧客ロイヤリティとなり、高収益を実現しているのです。

なぜなら、価格によって、他店に流れる顧客ではないからです。低価格が目的の消費者は、特定の店にロイヤリティを持ちません。

同社の経営内容ですが、チェーン全体での売上げ順位は215位と下位ですが、坪当たり売上げは業界平均の300万円に比べ1417万円と4倍以上です。ちなみに、イトーヨーカドーは300万円、イオンは170万円、ライフは250万円となっています。

また、店舗別（1000平方メートル未満）の売上高ベストテンに、同社の7店舗が入っています。また、経常利益率でも7・9％と群を抜く高さです。

同社の好業績の理由は単純明快で、とくに大手の同業がやっていないことを、手間ひまかけて特別熱心にやっているからです。つまり、大手企業ができないような営業方法に変えているのです。

その1つが「品ぞろえ」です。生鮮3品の構成比が50%で、鮮度にこだわっているため全店に厨房を設置しています。また、アイテム数も15000点を超え、他社の2倍以上になっています。

しかし、収益の良さが示すように商品回転率も高くなっています。また、顧客の希望する商品は、1つからでも取り寄せます。それは、「町の御用聞き」を実践しているからです。

正社員比率の高さによるコストを克服するために、社長室や役員室をつくらず、「トップ自ら店舗や売り場に立つ時間を長く」しています。

ちなみに、世界最大の小売業ウォルマートの経営陣も週2回は店舗に行くと言います。現場を知るという意味でトップが現場に行くのはマーケティングを実践するうえでも重要なので、一石二鳥ですね。

また、本社スタッフも夕方の忙しい時間帯になると、袋詰めやショッピングカートやカゴの整理にため現場に出ています。また、現場への権限移譲も進んでいて、販売スタッフにも商品発注ができるようになっています。

このように、営業方法を変えるということは、部分的ではなくすべてを変えるということです。

本事例から学べることは、プロセスニーズの主体がだれにあるか、ということです。ほとんどの企業が、自社のニーズにもとづいて業務の仕組みをつくっています。

しかし、本事例のオオゼキは顧客を中心に業務の仕組みをつくり上げています。ドラッカーのいう『顧客の創造』は顧客中心でなければならない」という教えの好例ですね。

第13章

市場と業界の構造変化を生かしたイノベーション

市場が急に拡大や縮小すると、それまでの秩序がくずれてきます。そうすると、あちこちにすき間やひずみが出てきます。

その時がイノベーションのチャンスです。とくに新規参入者にはチャンスです。というのも、既存の企業はくずれつつある秩序を必死に守ろうとして、変化への取り組みにまで手がまわらないからです。

本章では、市場や業界の構造変化を生かしたイノベーションの事例を見ていきましょう。

1 売り先（市場・顧客）を変えた事例

事例

現在、私たちが直面している環境変化のなかで、最も大きなものは市場と業界の構造変化でしょう。ここでは、自動車業界の変化を使って少し丁寧に説明しましょう。

20世紀のはじめ、自動車業界は急成長を遂げました。そのため、市場の構造も根本から変化してしまいました。それまでの自動車は、富裕層の贅沢品でした。しかし、20世紀に入ると同時に、売上が3年ごとに倍増するようになりました。その結果、富裕層向けの贅沢品というイメージは、急速に薄れていきました。しかし、200社近い自動車メーカーのほとんどは、依然として富裕層向けの贅沢品として製造し続けていたのでした。

こうした市場環境の変化に、少数のメーカーにおいて4種類の対応が見られました。

第一の対応が、ロールスロイスです。同社は、王侯貴族のための自動車をつくって売ることにしました。半自動化していた製造工程を、熟練工の手作業で1台ずつつくる方法に戻したのです。車の形も、お抱え運転手が運転することを前提に設計し直しました。そして、普通の人がまちがって買うことがないように、熟練工の年収の40倍の高い価格をつけました。

第二の対応は、フォードです。自動車がもはや富裕層の贅沢品ではなくなったと感じたヘンリー・フォードは、半熟練工を中心にベルトコンベアーによる大量生産に切り替えました。もちろん、自分で運転するための自動車として設計しました。同社がつくったT型フォードは格安だったと言われていますが、それでも当時の高級取りだった熟練工の年収を上回っていました。それでも他の最も安かった自動車の5分の1の価格にまで下げたのです。これによって同社は60％を超える市場シェアを獲得しました。

第三の対応は、ゼネラルモーターズ（GM）です。同社はT型フォードで自動車の普及が進んでくると、市場のニーズが細分化していることを感じ取りました。それは、交通手段としての自動車だけでは満足できなくなっている人たちが出はじめているということでした。そこで、同社はやがて膨大に成長するであろう自動車市場のすべてを相手にするための仕組みを考えました。そのためには巨大な自動車メーカーになることが必要となったため、次々に自動車メーカーを吸収合併し、高級車から大衆車にいたるフルラインの自動車メーカーになったのです。

第四の対応は、イタリアのフィアットです。同社は、軍隊の将校用の乗用車に特化し、イタリア軍、オーストリア・ハンガリー軍でのシェアトップに立ちました。

こうした流れが第一次世界大戦（1914～1918年）後の約40年間続きました。世界の自動車市場は、国別にわかれて、それぞれの国内メーカーが自国の市場シェアを分け合うという状況だったのです。

ところが、1960年頃になると、自動車市場は、急に国際市場に変わりはじめました。

これに対して、日本のメーカーは輸出業者になることを決め、アメリカ市場に進出していきました。しかし、当初は日本仕様の自動車を輸出したため、大失敗に終わりました。そこで、アメリカ的な仕様に変更し、より小型、より低燃費、より高品質なものを開発し、より優れたアフターサービスをつけて再チャレンジしました。1979年の第2次オイルショックが追い風となって、アメリカ市場で大成功を収めたのです。

フォードは、ヨーロッパ戦略で国際化をめざしました。そして1970年代の半ばにはヨーロッパ市場でシェアトップをねらえるまでに成長しました。

GMは、1960年代初期にはアメリカにとどまり、アメリカ市場の50%のシェアを確保するとともに、自動車業界全体の総利益の70%をおさえることを目標に掲げました。そして、その目標を達成したのです。その10年後には、ヨーロッパにも進出し成功しています。

ドイツのメルセデス・ベンツは、世界の自動車のうち、高級車とタクシー・バスの市場に特化して不動の地位を占めることに成功しました。

しかし、世界のビッグスリーの1社といわれていたクライスラーは、新しい市場に対する新しい戦略を練ることをせず、一時しのぎの連続で切り抜けようとしました。その結果、1979年の第2次オイルショックで破たん同然になったのです。同じように、イギリス最大の自動車メーカーであったブリティッシュ・レイランド、フランスの大手だったプジョーも同じような道をたどり、取るに足らない存在になってしまいました。

こうした経営環境の変化をイノベーションのチャンスとしてとらえた自動車業界のなかで、中小企業に属するボルボ、ＢＭＷ、ポルシェの３社は、ニッチ（限定された市場）の世界を切り開きました。

ボルボは、自己顕示はしたくないが成功者としての評価は気にするという弁護士や会計士、医師など専門家と言われる人たちに対して、安くはないが贅沢でもない、ファッショナブルでもないけれど「センスのある車」というコンセプトで売り込み、独自のニッチ市場を切り拓きました。

ＢＭＷは、若手で成功した人たちをターゲットにしました。同社の車は高級車なのですが、キャデラックやベンツという大企業の社長というイメージではなく、「タフガイのための究極のマシーン」というイメージをつくりあげました。今の「スポーツセダン」というコンセプトがそれです。

３社目のポルシェは、高級スポーツカーの市場を切り開きました。フォルクスワーゲンと似たり寄ったりだった同社の車を「エキサイティングな何者かが乗る車」というコンセプトのスポーツカーに変えたのです。

この３社は、現在も自動車業界における中小企業という位置づけは変わりませんが、それぞれのニッチ市場で確かな地位（ポジション）を築いています。

いかがでしょうか？　この事例は市場や業界の構造変化で勝ち残るための戦略を示唆してくれ

ています。大企業は大企業なりに、中小企業は中小企業なりに、方針を立て、戦略を構築していくことが最もリスクが少ないことを教えてくれます。

事例が少し長くなりましたが、大小さまざまな自動車メーカーが自社の特長を打ち出し（市場でのポジショニングをして）、その地位を確立した歴史的な背景を紹介しました。その中で、現状を変えきれずに衰退した企業も紹介しました。

市場や業界の構造変化はチャンスです。新しい環境変化に対応するために、リスクを取ろうと決心することが、今の私たちには求められています。言い換えれば、これこそ、イノベーションが必要な理由です。

事例

10年前まで中野BCは、中野酒造という和歌山県では日本酒のトップメーカーでした。しかし、日本酒市場は1970年半ばのピークから現在は3分の1まで市場規模が縮小しています。そうした中で、同社は約10年の歳月をかけて、日本酒から市場を変え、梅酒と梅加工品メーカーに構造転換したのです。

現在は、2003年9月期の日本酒が主力だった頃の売上げ29億円を上回る32億円になっていますが、清酒と焼酎の売上げは20％で、梅酒や健康食品などの新分野の売上げが中心になっています。

梅酒の業界は、チョーヤ梅酒というガリバーがいますし、宝酒造という大手もいます。これらの企業と競合しない市場を必死でさがし、「カクテル梅酒」という新しい市場を開拓しました。梅酒に、ゆず・レモン・イチゴなどの非加熱の果汁をブレンドして、試行錯誤のうえ商品化しました。そのとき、力を発揮したのが若手の女性社員です。清酒をつくってきたベテランの男性社員の感性では対応できなかったからです。

販路も家庭用のチョーヤ梅酒と差別化するため、飲食店を積極的に開拓していきました。また、職人中の職人である杜氏《とじ》が、他社では、まずありえない試飲会での商品説明など、全社をあげて新事業への取り組みを行ないました。

長年の主力だった商品や顧客を捨て、新しい世界に入って行くのは生半可な気持ちではできません。しかし、そうしないと生きていけないのが企業経営だと考えなければなりません。

同社は、コア・コンピタンスであった酒造技術を使って、新しい市場を開拓しました。ただし、新しい市場には、その市場の顧客の気持ちがわかる人を担当させなければ、ニーズをつかめないというミスマッチを犯してしまいます。

したがって、市場と業界の構造変化に対応するためには、変更した市場での顧客ニーズがわかる人に担当させる必要があります。ニーズに応えることができるのは、そのニーズを理解できる人だけなのです。

2 売るモノ（商品・サービス）を変えた事例

事例

市場と業界の構造変化は、市場が急成長したときと、成熟し飽和状態になったときに起こります。まず、急成長したときの事例です。第二次世界大戦前までのアメリカでは、美術館は上流階級のものでした。貧しかった庶民には美術品を楽しむ余裕がなかったからです。

ところが第二次世界大戦が終わると、美術館に行くことが中流階級層の流行になり、趣味になりました。そのような動きからアメリカ各地に美術館がつくられました。こうした動きの影響を受け、富裕層にかぎられていた美術品の収集が、中流層にも広がっていったのです。

そうした社会の変化に気づいた美術館勤務のある若者が、美術館や美術収集家を対象とする損害保険の代理店をはじめました。美術品に対する保険に積極的でなかった保険会社も、彼の専門知識を高く評価して保険を引き受けてくれました。しかも、それまでの保険料と比べて最高で70％も安くしてくれました。この代理店は、その後も業績を大きく伸ばしました。

変化はチャンスです。市場にくわしいか、技術（ノウハウ）にくわしければ、それまで存在しなかった市場を切り拓くことができます。

■事例

英会話教室が過当競争の状態になり、低価格化が進んでいます。国内の同業他社だけでなく、個人レベルの開業も可能になっているからです。また、インターネットを利用した海外のネイティブスピーカー（英語を母国語にする人）も、格安のレッスンを提供しています。

そうした中で、業界大手のベルリッツは、単なる「英会話スクール」から、「世界に通用する人材の育成」にサービス内容を変えました。ビジネス向けでは、英会話を教えるだけでなく、「グローバルなビジネス感覚と対応力を身につける」ために、①英語環境下での業務で結果を出すためのコミュニケーションスキル、②グローバルビジネススキル、③異文化対応スキルなども教えるようにしたのです。

その結果、たくさんの企業から法人契約を獲得することができるようになりました。サービスのコンセプトを変えたことでサービスメニューが変わり、差別化が図れたからです。

ドラッカーは、「顧客は商品やサービスそのものを買っているのではない。それらから得られる効用を買っている」と言っています。ベルリッツの事例は、まさに効用（グローバルなビジネス感覚と対応力を身につける）を売ることで成功した事例です。

事例

パソコンは過当競争の時代に入っていますが、ニッチ市場も残っていました。それに気づいたのはキングジムです。メールも打てず、インターネットにもつながらず、「文字さえ打てればよい」というニーズに応えて、単機能のデジタルメモ『ポメラ』を発売したのです。これが大ヒットしました。

きわめてニッチな市場で競争相手も少ないことから、パソコンに比べれば価格競争にも巻き込まれていません。

3つの事例のように、市場や業界の構造変化があったときには、商品（サービスを含む）を変えることで業績を伸ばすことができます。ただし、めざすは「ニッチ市場」です。

3 売り方（営業・流通チャネル）を変えた事例

事例

顧客ニーズに合わせるのが企業の基本です。企業ごとに商品の形態は異なりますので、部品を製造している多くの企業で、そのニーズに応えるために、仕様（スペック）は広がる一方（多品種少量生産）になっていきます。しかし、部品を提供する企業に求められている基本的なニーズはQ（品質）、C（コストとしての低価格）、D（短納期あるいはジャスト・イン・タイム：必要なときに、必要なものを、必要な量だけ）です。

こうした矛盾する顧客ニーズを解消したのがマブチモーターです。同社は、受注生産を前提にした多品種少量生産から、少品種多量生産（標準化）という生産方式に変えました。そして、「標準化」→「大量生産」→「規模の経済」→「低価格」というビジネス・モデルをつくりあげたのです。

受注生産では、すでに顧客のスペックが決まっていますので、同社の規格に合わせてもらうことはできません。しかし、同社の商品はおもちゃやドライヤーなどの家電商品に使われている小型モーターで、それらの設計段階から同社の標準モーターを組み入れてもらえば、低価格での納品が可能になります。また、同じものを大量につくると品質も安定してきます。そのうえ製造スピードもアップします。同社は、個別対応をやらないことを明らかにし、売り方を変えることで、顧客の基本ニーズであるQCDをすべて満足させることに成功したのです。

売り方を変えるための最も重要な着眼点は、顧客の利益です。しかも担当者の利益（部分最適）ではなく会社の利益（全体最適）です。そこから入れば新しいビジネス・チャンスが開けます。

事例

現在では当たり前になってしまった小さな事業所への事務所用品の即日配達、翌日配達は、アスクルがやるまでは考えられないことでした。大きな事業所（企業や役所）では、事務機器や文房具を取り扱う卸売業や小売業が細やかな対応をしていました。しかし、従業員30名以下の小さな事業所には、そのような対応をしてもらえませんでした。

アスクルは、そのように放置された市場に目をつけたのです。これはヤマト運輸が宅急便をはじめたときと同じビジネス・モデルです。一定規模（取扱い個数や件数）までは配達コスト（固定費）が収益を上回りますが、一定規模を超えると収益が確保されるようになります。

しかも、アスクルは、営業に衰退業種である町の文具店を当てたのです。待ちの営業主体の文具店ではありますが、地域の情報には熟知しています。その店主などにアスクルの営業をやってもらったのです。店主たちはアスクルの納品先を開拓できれば、あとの受発注と納品業務は、すべてアスクルがやってくれます。これで小規模事業者は便利になり、文具店は収入が増え、結果としてアスクルが潤うというわけです。

第14章

人口構造の変化を生かしたイノベーション

ドラッカーがこの「人口構造の変化」をイノベーションのチャンスのトップに持ってきていないのは、単に業績に結びつくまでに時間を要する（即効性がない）と考えたからに違いありません。

しかし、確実性という点では、これほど確実に将来を予測できる情報はありません。たとえば、今年の年齢構成をそのまま○年後にスライドさせれば、その年の年齢構成がほぼ確実に把握できるという点では、他の何よりも確実な情報です。

また、年齢構成だけではなく、ライフスタイルや所得、学歴なども人口構造に含まれますので、もっと活用すべきイノベーションのチャンスと言えるでしょう。

1 売り先（市場・顧客）を変えた事例

事例

小さく無名に近い靴チェーンだったメルビル・シュウほど、人口構造の変化をチャンスにした事例も少ないでしょう。

同社は、第二次世界大戦後のベビーブームに生まれた子どもたちが、1960年のはじめにティーンエイジャーとなり、自社の顧客層になる（新しい市場）ことに気づきました。そこで、10代を対象とする店舗をたくさんつくりました。また、ティーンエイジャーに合わせたデザインの靴をそろえ、販売促進も16～17歳のティーンエイジャーをターゲットにした販売促進を展開しました。そうして売上げを拡大していきました。

さらに、靴だけではなく、ティーンエイジャー向けの衣類にも進出し、最も成長した小売チェーン店になりました。その後、この年齢層が20代になると、同社は20代を対象の店づくりになり、さらに、その後もベビーブーマーの加齢とともに市場を変えて成長を続けることができたのです。しかし、同業他社は実際の需要に合わせての対応だったので、ブームを追いかけるだけでした。そのため、このチャンスを十分に生かせませんでした。

現在の年齢構造の5年後、10年後に焦点を絞り、そのニーズに応えるビジネス・モデルの構築に目を向ければ、じっくり準備ができますし、「先んずれば人を制す」で、現象に流されている同業他社に差別化をつけることができます。

事例

人口構造の変化には、総人口の変化、年齢構成の変化だけでなく、所得やライフスタイルの変化も入ります。また、体型や健康状況の変化も含まれます。

そこに目をつけたのがカーブスです。日本でも店舗展開していますが、「気軽に通えるフィットネスクラブ」をコンセプトにしている女性専用のフィットネスクラブです。

同社が展開するフィットネスクラブは10台のフィットネス・マシーンがサークル状に配置されており、利用者は、それらのマシーンを使ってサーキット・トレーニングしていきます。この所要時間は30分です。

同社の特長は、気軽に通えるということで、①女性専用、②化粧なし、③鏡なし、④低料金、⑤シャワーも着替えもなし、となっています。この気軽さが主婦層の心をとらえ、カーブスジャパンは2005年のオープンながら2012年12月時点で、1247店舗、会員数53万人に達しています。

同社のフィットネスクラブは小型店舗で水まわりの設備も不要なため、住宅地や商店街など家賃が安いテナントに出店できます。既存の大規模なフィットネスクラブは一等地に更衣室、シャワールーム、大型機械、プール、テニスコートなどを設置するため、高めの会費と、休眠会員に依存するビジネス・モデルを取らざるをえません。

同社は、このような既存の大規模なフィットネスクラブと違ったコンセプトのニッチ市場を開拓したことから、急成長できたのです。

2 売るモノ（商品・サービス）を変えた事例

事例

高齢化社会になり、ケアハウス、老人ホームなどの高齢者を対象とした施設が増えています。こうした施設の多くは「丁寧」「親切」「衛生」「食事のおいしさ、栄養のバランス」「プライバシーの保護」「豪華さ」「ケガ・病気をさせない」ことを「ウリ」にしています。ところが、こうしたことを進めれば進めるほど「入居者を過度にお客様扱いする」ようになり、腫れ物にでも触るような接し方になってきます。それは、過保護や非人間的な扱いにもつながってきます。

こうした動きに逆行して業績を伸ばしている高齢者施設がウチヤマホールディングスです。同社のコンセプトは「入居者の尊厳を守る施設」です。ケガのリスクを承知でドンドン外出してもらいます。また、トラブルの元凶ともいうべき施設内の恋愛も自由です。さらには、朝礼にも出てもらい、活力を与えます。またまた、他の施設ではありえない90歳をすぎた入居者が、見学者に対して施設を案内することもあります。

人の欲求は、ケガをしない、病気にならない、おいしいものを食べるだけで満たされるわけではありません。生命の維持、安全が確保されれば、人と交わりたいし、必要とされたいし、人を愛したいし愛されたいし、感動したいし、人の役に立ちたいし、認めてもらいたいものです。同社の施設には、それらの満足（サービス）の仕組みがあるのです。こうした運営方針が支持され入居率は96％（業界平均89％）に達しています。

事例

2012年3月にオープンしたスマイルランド（運営会社は通販のニッセン）は、大きいサイズの女性専用の衣類を売っているのですが、本当に売っているのは洋服そのものではなく「自分の体型を忘れてしまう居心地の良さ」です。

「通販会社が、なぜ、リアル店舗を?」と疑問に思う人もいるでしょう。通販でも「スマイルランド」のブランド名は人気がありました。しかし、「大きいサイズ」と言っても、その体型は千差万別です。同社の通販では返品が自由なため、気にいった洋服があると3点を注文して、体型に合わない2点を返品する割合が高かったのです。

そこで、「リアル店舗を開店」となったのですが、その店づくりは半端ではありません。店舗そのものを「ぽっちゃり型」にしたのです。①通路は1・8メートル、②試着室は3畳、③大きいサイズの女性は暑がりの人が多いと想定して、試着室の冷房は工業用冷風機のダクトを設置、④かがまなくても商品が取れる高い陳列棚、⑤靴を履きやすくするための海外から取り寄せた長い靴べら、⑥スタッフは、お客様の気持ちがわかるように全員がぽっちゃり型、などなどです。

固定費の少ない通信販売や他店と比べると、一見、コスト増に思える店づくりですが、客数と買い上げ点数の多さでカバーできているそうです。「効率」とは、効果（利益を伴う売上げ）があってはじめて有効になる考え方です。客数の多さと買い上げ点数の多さという点では、当店はとても効率的な店ということができます。ちなみにオープン月から単月での黒字を実現できています。「セールスポイントは何か？」の前提になるコンセプトを明確にすることから、当店のような発想が生まれてきます。

事例

3 売り方（営業・流通チャネル）を変えた事例

ファミリーレストラン（ファミレス）の1号店である「すかいらーく」が日本に誕生したのは

1970年でした。駐車場を備えた大きなガラス窓の開放的な店づくりは、今日のファミレスの基本的なスタイルになっています。

当時は、高度成長期の真っ只中にあり、国民全体に中流意識が芽生えだした頃です。ただし、本格的なレストランに行ける人はまだ少数でした。そのような状況のなかでファミレスは、一般庶民が自宅では食べることが少なかった西洋料理を、手ごろな値段で食べられる「ささやかな贅沢を味わえる空間」だったのです。

しかし、開業してすぐの頃の業績は好ましくありませんでした。通行人から見られながら食べることに慣れていなかった、メニューも家庭料理とかけ離れていたなど、あまりに新しい店舗形態だったため、すぐには人々に受け入れられなかったのです。

しかし、あるとき、この店で家族と楽しい食事の時間をすごしたことを小学生が作文に書き、それが地元で評判になったことから、新聞に「家族が集まるレストラン」と紹介されました。それをヒントに「ファミリーレストラン」という造語をつくって宣伝したのです。それから、日曜日の夜、「家族で行く楽しいレストラン」として発展していきました。

ファミレス創生期のように、提供するメニューは変わらなくても、コンセプト（店の意義・役割）の意味を変え、世間に知らせる（宣伝する）だけで業績が伸びることもあるのです。

事例

ドラッカーの著書に流通チャネルを変えて成功した日曜大工メーカーの事例があります。市場調査をすると、同社の主要顧客は、自分の家をはじめて持った新婚家庭でした。しかし、5年もすると熱心な顧客ではなくなることもわかりました。さらに詳しく調べてみると、同社が流通チャネルとしていた金物屋が、彼らが買い物に行ける時間に開いていないことがわかりました。

彼らが買い物に使える時間は土曜の午前中だけでしたが、結婚して5年も経つと父親になり、小さな子どもがいる家庭が多く、土曜の午前中は子どもの面倒を見なければならなかったのです。

そこで、そのメーカーは、平日の夜に家族連れで買い物に出かけるショッピングセンターに商品を置くことにしました。また、自宅からでも買えるように通信販売もはじめました。このように流通チャネルを増やしたことで、同社の売上げは倍増しました。

結婚から5年以内の顧客層のほうが客単価は高かったのですが、結婚から5年以上経った家庭の数（客数）のほうが圧倒的に多かったのです（ちなみに市場規模は、客数×客単価で決まります）。

今日では、店舗販売のほか、流通チャネルとしてインターネットも使えます。インターネット販売は、それまで考えもおよばなかった企業の採用、保険や自動車までも売るようになっています。生まれたときからネット世代が市場に入ってきている今、新しい顧客層に対しては、インターネットを流通チャネルに加えるチャンスです。

第15章

考え方・価値観・認識の変化を生かしたイノベーション

大リーグのニューヨークヤンキースのイチロー選手が、オリックスで活躍していたときは、パリーグがあまり人気がなかったせいもあり、球場に足を運ぶファンは多くありませんでした。それが、大リーグのシアトルマリナーズに移籍すると、高いお金を支払って、わざわざアメリカまでイチロー選手の応援に行くようになりました。イチロー選手はオリックスでも200本安打を達成していたので彼の活躍状況は変わっていません。変わったのは、ファンのイチロー選手に対する認識でした。

このようなことが社会にはあふれています。それをイノベーションのチャンスとして活用しようというのが本章です。

1 売り先(市場・顧客)を変えた事例

事例

ドラッカーのイノベーション戦略の1つに「商品の意味を変える戦略」というのがあります。2章でも紹介したエスエス製薬の「ハイチオールC」は、まさしくこの戦略を踏襲した商品でした。

この商品は、発売後20年を経過し、年間売上げが20億円の安定した商品でした。薬の効用は「全身倦怠」や「2日酔い」で、薬局・薬店で薬剤師が顧客の相談に乗って販売する方式でした。ところが、この薬を取り巻く環境も変化してきました。それは、①ドラックストアの台頭、②美白ブームの到来、③トクホ商品の出現で大衆薬と競合するようになった、ことです。

そこで、同社は、この薬のコンセプトを変更することにしました。この薬の主成分は「L-システイン」というアミノ酸の一種で、全身倦怠や2日酔いにも効果があるのですが、「しみ」や「そばかす」「日やけ」にも効果があるのです。そこで対象市場(薬の効用)を美白効果とし、しみ・そばかす・日やけを「体の中から治す」としたのです。そして対象顧客を「中年の男女」から「若い女性」に変えました。そして、流通チャネルをドラッグストア中心に変更しました。

これに伴い、①薬を飲み慣れていない若い人の抵抗感をなくすために1回4錠から2錠へ、②使えるお金が少ない若い女性のために価格を25日分5400円から30日分4200円へ、③パッケージの効用説明を「全身倦怠・2日酔い」から「しみ・そばかす」へ、すべて変更しました。その結果、変更するまで20億円程度で横ばいだった売上げが、翌年には34億円になり、翌々年には67億円と3倍以上に伸びました。

製造業では中心となる技術で別の用品をつくることを「用途開発」と呼んでいます。既存の商品が売れなくなった現在、技術だけではなく商品自体の用途の転用を考えることで業績を伸ばせる可能性があります。

事例

体重計でおなじみのタニタは、「おいしく、おなかいっぱい食べていたら、知らないうちにやせていた」をコンセプトに社員食堂を運営していたところ、NHKで紹介され、それをきっかけに出版された『体脂肪計タニタの社員食堂』(大和書房)がシリーズ累計485万冊という大ヒットになりました。

同社は、このチャンスを生かして飲食チェーンと提携して「丸の内タニタ食堂」という飲食チェーンに進出しました。ダイエットに対する世間の認識が変わったことから、健康機器計測の多様化だけではなく、健康関連市場としての飲食業にまで多角化しています。

2 売るモノ（商品・サービス）を変えた事例

事例

機械や設備の性能が良いというだけでは売れませんし、顧客も満足させられない状況になっています。顧客は買うのが目的ではなく、それを使って生産活動をするのが目的だからです。

したがって、購入や導入する顧客側からの要望の一部は、①使える状態で納品してもらう、②常に正常に使えるような状態に保ってもらう、③機械トラブルがあったら、すぐに対応してくれる、④機械などの性能を最大限に活用するように自社用のプログラムを作成してくれる、⑤オペレーターを教育指導してくれる、⑥代わりに運用してくれる、にすでになっていますし、他の項目も変化しつつあります。

工作機械の森精機は、「オペレーターのトレーニングの仕組み、操作マニュアルの作成、社員教育の代行が、これからのビジネスになる」と言っています。また、建設機械のコマツも中国の鉱山などの現場に200名規模の社員を派遣して稼動を支援しています。さらにオリンパスの医療機部門は、微調整などの操作が必要な内視鏡などのオペレーティングを必要とするために、中国に2000名体制の支援部隊をつくり各地の病院を細かくフォローして、市場シェアを確保しているのです。

こうした背景には、①市場の急成長による人材育成が追いついていないこと、②工業高校や高等工業専門学校などで機械実習がなくなったこと、③そもそもアメリカなどは先輩社員が後輩を教える習慣がないこと、④機械が高度化している、などの物理的な環境変化による、認識の変化があります。

その結果、機械を購入するという行為は変わらないのですが、その買い方に対する考え方・価値観・認識に変化が現れているのです。

事例

世界でもトップクラスの長寿国の日本で、健康ブームが続いています。もしかすると、平均寿命が短い国のほうが生きることに精一杯で、健康にまで関心がいかないのかもしれません。

さて、健康志向によりタニタのような会社がクローズアップされ、業績を伸ばしています。そこで食品業界やサプリメント業界も、その関連商品を競って販売しています。では、私たちはカロリーの摂取量を気にしていますが、実際に低カロリーのものばかり食べているのでしょうか?

街を歩いていて太めの人の割合を見ていると、とてもそのようには思えません。食べ過ぎているからこそ、ダイエット食品が売れるのでしょう。

日本マクドナルドで最も売れているメニューの1つがビッグマックです。ちなみに、熱量は

557キロカロリーで、世界14カ国で販売されているビッグマックのなかで、メキシコ、インドについで3番目の高さです。しかし、新メニューの開発で消費者に意見を聞くと低カロリーメニューを求める声が多いのです。

こうした認識の変化の背景には、人間の「おいしいものを食べたい」という基本的な欲求がひそんでいます。そこにもビジネス・チャンスがあるのです。流行を追うことだけが経営ではありません。それだけだと、不易流行《ふえきりゅうこう》（本質は変わらないが、手段は変わっていくこと）という格言にもとづき、流行の背景にある本質的な欲求まで見失うことになります。

3 売り方（営業・流通チャネル）を変えた事例

事例

医療費の高騰が国家予算を圧迫するまでに膨らんでいます。そこで病気の元凶の1つにもなっている肥満について、国民にその防止を呼びかける意味で「メタボ」という言葉を流行らせました。

こうした世の中の動きを受け、体脂肪を燃焼させるための健康食品や健康飲料が発売されました。そのなかでも、花王の『ヘルシア緑茶』も200億円の売上げを達成したすごい商品です。

ここまで売れるのは複合的なプラス要素が必要になります。そうした要素のなかで流通チャネルをコンビニに限定したのが、他の商品との差別化を図れた大きな要素でした。

まず、価格です。ヘルシア緑茶は350ミリリットルで180円の価格設定です。スーパーなど値引きが当たり前の流通チャネルでは、値引き販売はさけられません。それでは、トクホ(特定保健用食品)の承認を得ている同商品の商品価値が下がってしまいます。だからと言って、値引きしなければ、他の緑茶との価格差が大きすぎ売れなくなります。

その点、コンビニだと、主婦ほど価格にうるさくなく、メタボを気にする男性が客層として多いので、最適な流通チャネルだと言えます。同社は、発売当初、スーパーなどでは販売せず、コンビニ限定商品として売り出しました。また、コンビニ限定商品にもかかわらず、テレビCMを打つなど、積極的な販促を展開したのです。コンビニ限定販売の商品でテレビCMを打つことなど、過去にありませんでした。

一方、売る側のコンビニ各社も、コンビニ限定商品ということで販売に力を入れ、店舗の最も目立つ場所に陳列しました。こうして、売上200億円を越える大ヒット商品になったのです。

ドラッカーは流通チャネルを商品と同等に重要視しています。この事例を参考に、流通チャネルの重要性を再認識してみましょう。

事例

営業方法としてサンプルを無料販売する方法は、よく取られます。しかし、自社のソフトウエアの不正コピーを奨励する販促となればどうでしょう？ これを実際に行なったのがマイクロソフトのビル・ゲイツさんでした。

彼はワシントン大学の学生の前で「中国では年間300万台のコンピュータが売れる。しかし、当社のソフトウエアに金を支払ってくれない。でも、いつか支払ってくれるようになるだろう。だから、どうせ不正コピーするなら、当社の商品をコピーしてほしい。彼らが当社の商品に夢中になっているかぎり、次の10年で、当社は、彼らからお金を集める方法を考え出せる」と話しました。

ゲイツさんの宣言どおり、その後の中国はコンピュータの巨大市場になり、それに伴い巨大化した海賊版（不正コピー）市場とともに有料ソフトの市場も巨大化し、同社に多額の利益をもたらしました。これはあるべき姿（理想や遵法精神）ではなく、現実を直視した営業方法の事例です。

インターネットの世界は、慣れない世代には不可思議な世界です。それならば、慣れた人に任せればよいのです。「知らないからやらない」のではなく、「知らなければ知っている人に任せる」ようにしましょう。少なくとも、ビル・ゲイツさんの発想を当たり前だと考えられる人に任せることだと思います。

第16章

新しい技術やノウハウの出現を生かしたイノベーション

新しい技術やノウハウにもとづいたイノベーションについて、ドラッカーの著書『イノベーションと企業家精神』の記述は、「時間がかかる」「コストがかかる」「成功率が低い」が、成功したときは「スーパースターになれる」といったような内容になっています。

ですから、本章では「技術開発」ではなく「開発された技術の活用・応用」を考えたいと思います。

1 売り先（市場・顧客）を変えた事例

事例

普段メガネをかけない人も、メガネを買っていく、そんなメガネ店があります。それは全国で185店あるメガネチェーン店「JINS」です。来店顧客の40％は普段メガネをかけない人たちです。彼らが購入する商品は、パソコンの青色光を最大50％減らし、目を疲れにくくする「JINS PC」です。同社は、OA機器とは一切関係ない業界なのですが、IT化が進む社会のニーズにうまく対応した好事例と言えるでしょう。

低価格メガネチェーンを立ち上げ2006年に上場を果たしたのですが、競争に飲み込まれて赤字に転落しました。そのとき、同社の社長が、ドラッカーを信奉するユニクロの柳井正社長に「あなたの会社は、何を目指しているのですか？」と聞かれ、答えることができませんでした。

それから考えに考え、翌年に「目を守る、よく見えるための新機能・デザインを開発」を事業目的（コンセプト）にして、このヒット商品の開発につながりました。ちなみに、この商品は発売から約1年半で150万本を越えています。

さらに同社は、花粉症対策（花粉を93％カット）のメガネも販売するようになりました。これでさらに、目が悪くない人の来店率も高まることでしょう。

事例

印刷を通販ではじめたプリントパックもインターネットを使って、市場を変えた代表的な事例です。

もともと、中小・零細印刷業者は、地域の業者などからチラシやポスターなどを受注する地域産業でした。そうしたなかで、同社はネットを活用してチラシ、パンフレット、ポスター、冊子など細々とした小ロットの印刷物の受注で2012年度は年商100億円以上をあげています。ちなみに、売上げの推移は2005年度7億円、2007年度27億円、2009年度56億円、2011年度92億円と、構造不況業種とされる印刷業界にあって驚異的な伸びを示しています。

なお、市場が広域になると大日本印刷や凸版印刷といった業界大手、地場大手の印刷業者との競合も考えられますが、多品種・小ロット・低単価をビジネス・モデルにしているため、強いライバルとの直接的な競争は回避できています。

2 売るモノ（商品・サービス）を変えた事例

事例

インターネットは、どこでも、だれにでも、使える、売れるメリットがあります。だから、こぞって利用しようとします。しかし、インターネットも道具ですから、道具の選定とその使い方によって無用の長物になったり、最先端の武器になったりします。

そうした新しい道具を使いはじめるときは、スポーツや音楽、お稽古事と同じように、指導者につくのが最も速く・安く・確実な方法です。

インターネットを活用してマーケティングを行なうときでも同じです。ここに目をつけて、「インターネット技術を活用したマーケティング支援や新規事業開発」を事業化（商品化）したのがネットイヤーグループです。

同社は、アメリカのシリコンバレーで創業し、それから5年後の日本のインターネットブーム時に日本法人を立ち上げました。当初、ビジネスの対象を企業に絞り、ベンチャー企業を育てるインキュベート事業も手がけていました。しかし、ITバブルの崩壊とともにIT業界でも「選択と集中」のスピードが求められるようになったことから、インキュベート事業を別会社にして分社化しました。

そして、コンサルティング事業に特化したのです。それが功を奏し、2003年度の売上高は6億円弱、2005年度は約11億円弱、2007年度は約25億円強と倍々で伸びていきました。

新しい技術の活用の事業化（この事例ではインターネット）はリスクを伴いますが、それを上回る可能性も秘めています。

事例

インターネットの世界では、「豊富な情報はタダになりたがり、希少な情報は高くなりたがる」という法則があるそうです。

インターネットの普及期には有料だったものでも、現在はタダか、かぎりなくタダに近くなっています。グーグルなどは無料化を推し進める代表でしょう。

グーグルの特長は、他社の有料サービスを無料にして人を引き寄せることです。たとえば、メールやスケジューラー、表計算のソフトなどです。そうして引き寄せた人に広告を見てもらうことで、同社のビジネス・モデルは成り立っています。いわば、各種サービスの無料化は、同社にとっては販売促進なのです。

こうした無料サービスと競争するには、無料サービスの近くで希少な（価値ある）ものを見つけることです。

その典型が、社会問題にもなった携帯電話・スマホの「コンプリート・ガチャ」でしょう。これは無料でゲームを提供し、「もっと楽しく、有利に遊びたければ、有料の○○を買いなさい」という仕組みです。

もっともコンプリート・ガチャは、子どもに有害ということで自主規制が入りましたが、ビジネス用でも同じようなものがたくさんあります。

たとえば、パソコンのセキュリティソフト、財務ソフト、経済情報などです。つまり、街角でのサンプル配布と同じなのです。

これらはすべて、試供品なのです。インターネットでは、製造コストは、最初に試供品を作成する分だけですみます。街角で配布するサンプルと違って、いくつつくっても、最初につくるコストだけで、追加コスト（コピーやダウンロードの費用）はほとんどかかりません。

たとえば、100人に無料のソフト（アプリ）を提供しても、そのなかの3人、4人が有料のソフトを購入してくれればビジネスとして成り立ちます。

これがインターネットでのビジネス・モデルだと割り切ってください。

このようにして、さまざまなビジネス・モデルがインターネットやソフトウエアにとって変わられる可能性（たとえば旅行代理店や保険代理店など）は、ますます高くなっていきます。

3 売り方（営業・流通チャネル）を変えた事例

事例

インターネットが不正コピーの温床であることは周知の事実です。もちろん、犯罪です。しかし、これを取り締まることは事実上不可能です。

では、どうしますか？　これをビジネス・チャンスに変えた人がいます。

中国に香香（シャンシャン）という20代後半のポップスターがいます。彼女のセカンドアルバムは400万枚近く売れました。

しかし、そのほとんどが海賊版（不正の製作品）でした。そのことを彼女はまったく気にしていません。アルバムの製作会社は多大な損害だったでしょうが、彼女には損害がありませんでした。

反対に、400万枚のアルバムが普及したことで彼女の商品価値があがり、メディアへの露出、CM出演が増えました。その収入もさることながら、コンサートツアーでの売上げもあがったのです。

これらは、すべて海賊版が出まわったおかげです。有料のアルバムだけでは、ここまで出まわることはなかったでしょう。彼女にとって、不正コピー業社や違法のネットへ露出させる人は、最高のマーケティング担当者、優秀なマネジャーになっています。

また、アメリカの歌手には、ユーチューブなどを利用して、自らタダの画像を流している人がいます。そうすることで知名度が上がり、より音質が良い有料のアルバムを買ってくれたり、高価なコンサートにも来てくれるようになるからです。

そもそも、知らなければ買いようがありませんよね？

事例

人口密度が低い地域では「総合化」しないとビジネスが成り立ちませんでした。あるいは、中小・零細企業は、大企業の下請けに甘んじる以外に方法はありませんでした。その典型が田舎のスーパーや食品雑貨店でした。あるいは、地方の部品製造業でした。

しかし、インターネットを流通チャネルとして使えば、片田舎の企業でも専門化が可能になります。

たとえば、福井県にある三和メッキ工業は、インターネットを流通チャネルにして、個人を対象に腕時計のキズを修理する表面メッキ処理サービスを行なっています。

また、「大切な衣服を大事にしたい」というニーズに応える「クリーニングの駆け込み寺」が京都にあります。

２００2年設立のハッピーは無店舗で、営業エリアは全国です。サービスによって、料金が街のクリーニング屋さんの10倍にもなります。しかし、家内工業的な事業者が多いクリーニング業界にありながら、売上高は3億円に達しています。

それを可能にしているのが、インターネットと宅配便です。インターネットの普及が可能にしたビジネス・モデルだと言えます。

あるいは、２００2年にギネスにも認められた１００万分の１グラムという世界最小で最軽量の歯車を開発した樹研工業という会社が愛知県にあります。

これほど小さい歯車は近い道がないのですが、「ここまで小さいものをつくれる」というアピールができたことで、世界中から高単価の受注ができるようになり、業績が飛躍的に向上しました。

技術開発力もすごいのですが、その技術力を営業に使うという発想自体がイノベーションと言えるでしょう。

そのほか、オイシックスやらでぃっしゅぼーやは、農作物のインターネット販売で業績を伸ばしています。同じように、お茶農家や鮮魚店、くだもの農家なども、農協や市場を通さない販売で、オリジナルブランドをつくりあげ、売上げと利益率の両方を高めている人もいます。

インターネットの特長は、時間を短縮し、商圏をなくし、経費をかぎりなくゼロにでき、キーワード（関心ごと）で検索でき、遠くの知らなかった人とも、気軽にコミュニケーションがとれるということです。

流通チャネルとは、商品を市場や顧客に届けるルートであり、営業とは、市場や顧客とコミュニケーションを図ることです。もちろん、対面でのコミュニケーションに優るものはありません。しかし、それが不可能だったら……。

次善の策としての電話、ファックス、インターネットを活用することです。

おわりに

本書はドラッカーの著書から事例を数多く取り入れました。また、日本の大企業の事例は、日本経済新聞や研究者の著書を参考にしました。さらに、中堅・中小企業の事例は、『日経トップリーダー』を参考にしました。

そして、中小・零細企業の事例は私の主宰する「ドラコン藤屋の経営塾」の塾生を紹介しました。また、事例は製造業だけに偏らず、卸売業、小売業、サービス業も取り入れました。

このような構成にしたのは、時代に関係なく、国に関係なく、企業規模に関係なく、業種に関係なく、業績の良し悪しにも関係なく、イノベーションは行なわなければならないし、また、行なえるということをあなたにも知ってほしかったからです。

読後の感想は、いかがでしたか？

やはりまだ、「ドラッカーは難しい」と思っていますか？

「書いていることは理解できるけれど、実際、自分でやるとなると、やっぱり難しいそうだ」と思うのであれば、それは、ドラッカーが難しいのではなく経営が難しいのです。

反対に、「イノベーションは発想の転換でできるもの。成功事例をひと工夫してマネすれば良いのだから、自社でも何とかできそうだ」と思っていただければ、それで本書の目的は達成できました。

どうか、それを実行してください。新しいことへのチャレンジに失敗はつきものです。一度や二度、失敗したくらいで凹まないでください。そのちょっと先に成功の歓喜が待っています。

そもそも練習もせずに上達する方法はありません。器用・不器用はあります。それは、個人も企業（部門）経営も同じです。

負えるリスクの範囲内で、ドンドン、チャレンジしましょう。難しく考えないで、目標とするイノベーションを起こせるまで、あきらめなければいいだけです。

最後になりましたが、コンセプトワークスの天田幸宏さんには、出版企画の段階から編集者のご紹介まで相談に乗っていただきました。さらに、私のアシスタントでもある娘の沙央梨には誤字・脱字、表現のチェックを手伝ってもらいました。

その他、多くの方々のご協力で本書が上梓できたことに紙面を借りてお礼申し上げます。本当にありがとうございました。

参考文献

●ドラッカーの著書

『イノベーションと企業家精神』(上田惇生訳、ダイヤモンド社)

『現代の経営(上・下)』(上田惇生訳、ダイヤモンド社)

『創造する経営者』(上田惇生訳、ダイヤモンド社)

『未来への決断』(上田惇生他訳、ダイヤモンド社)

『ネクスト・ソサエティ』(上田惇生訳、ダイヤモンド社)

●その他の参考文献

『経営戦略の論理』(伊丹敬之著、日本経済新聞社)

『ケースブック 経営戦略の論理』(伊丹敬之他著、日本経済新聞社)

『ストーリーとしての競争戦略』(楠木建著、東洋経済新報社)

『売れる仕掛けはこうしてつくる』(栗木契他編、日本経済新聞社)

『マーケティング・リフレーミング』(栗木契他編、有斐閣)

『フリー』(クリス・アンダーソン著、NHK出版)

『イノベーションのジレンマ』(クレイトン・クリステンセン著、翔泳社)

『経営学を「使える武器」にする』(高山信彦著、新潮社)

『マーケティング原理(第9版)』(フィリップ・コトラー、ゲイリー・アームストロング著、ダイヤモンド社)

『図解で学ぶドラッカー入門』(藤屋伸二著、日本能率協会マネジメントセンター)

『なぜ、あの会社は儲かるのか? ビジネスモデル編』(山田英夫著、日本経済新聞出版社)

『日本経済新聞』(2006〜2013年)

『日経トップリーダー』(2011〜2012年)

●その他

掲載各社のホームページ

『ビジネスジャーナル』(http://biz-journal.jp/)

本書をより深く理解するための［オリジナルDVD］プレゼント!

下記ホームページの「お問い合わせ」ページにアクセスし、必要事項をご記入のうえ、「お問い合わせ内容」欄に、『事例でわかる ドラッカーのイノベーションのDVD希望』と書いて、送信してください。

http://www.fujiya-management.com/
あるいは［藤屋マネジメント研究所］で検索

［著者紹介］

藤屋伸二 （ふじや・しんじ）

藤屋マネジメント研究所所長。差別化戦略コンサルタント。ドラッカー活用のスペシャリスト。

1998年にドラッカーの研究を開始。ドラッカーの著書を180回以上読み込み体系化する。その後、ドラッカーの教える顧客創造の手法（マーケティングにもとづくイノベーション）で200社以上の業績V字回復や伸長を支援してきた。現在は企業経営のサポートをしながら、ドラッカーの顧客創造の手法を継続して学ぶ経営塾を主宰したり、講演やセミナー活動を行なうことで、ドラッカー活用の普及活動に努めている。

著書には、『まんがと図解でわかるドラッカー』（監修、宝島社）、『世界一わかりやすいドラッカー博士の戦略思考の授業』（かんき出版）、『図解で学ぶドラッカー入門』『図解で学ぶドラッカー戦略』（ともに日本能率協会マネジメントセンター）、『20代から身につけたいドラッカーの思考法』（中経出版）など多数。

著書・監修書の発行部数は130万部を超え、「日本で最もドラッカーをわかりやすく伝える男」と言われている。

◎藤屋マネジメント研究所
http://www.fujiya-management.com/

装　丁　小口翔平（tobufune）

48の成功事例で読み解く
ドラッカーのイノベーション

2013年4月18日　第1刷発行

著　者　藤屋伸二

発行者　徳留慶太郎
発行所　株式会社すばる舎
〒170-0013
東京都豊島区東池袋3-9-7 東池袋織本ビル
TEL 03-3981-8651（代表） 03-3981-0767（営業部直通）
振替 00140-7-116563
http://www.subarusya.jp/

印　刷　株式会社シナノ

落丁・乱丁本はお取り替えいたします

ISBN978-4-7991-0238-1 C0030